ヴェネツィアの玄関口でもある大運河カナル・グランデの夜景。

世界遺産に行こう

CONTENTS

●＝文化遺産、●＝自然遺産、●＝複合遺産

世界遺産に行こう BEST 52 MAP

2011年5月現在、登録件数911件を数える世界遺産。

本書では、そのなかから一生に一度は行ってみたいお薦めの52件（文化遺産42件、自然遺産6件、複合遺産４件）を取り上げ、詳しく紹介する。

NORTH & SOUTH AMERICA

ASIA

EUROPE

AFRICA

OCEANIA

出かける前に知っておこう！

世界遺産の歴史や
登録までの流れなど、
出かける前に知っておけば
旅行が2倍楽しくなる！
世界遺産の基本が分かる
Q＆A。

世界遺産
Q＆A

世界遺産って何？ Q1

世界遺産とは、自然と人類の歴史によって生み出され、過去から引き継がれ、次世代に受け継ぐべき貴重な文化財や自然環境のことを指す。

1972年のUNESCO総会で採択された「世界の文化遺産及び自然遺産の保護に関する条約（以下、世界遺産条約）」に基づき、世界中の顕著で普遍的な価値のある文化遺産・自然遺産が選ばれる。

2011年5月現在、世界遺産条約の締約国数は187カ国に及び、日本は1992年に125番目の締約国となった。

世界遺産が生まれたきっかけは？ Q2

1960年、エジプト政府がナイル川のはんらん防止と灌漑（かんがい）用水の確保を目的として、アスワン・ハイ・ダムの建設を始めた。しかし、このダムが完成すると、ヌビア遺跡が水没する恐れがあった。そこで、UNESCOはヌビア遺跡を救うキャンペーンを開始。60カ国の援助をもとに、技術支援や考古学調査支援などが行なわれ、遺跡内のアブ・シンベル神殿を移築することとなった。

このことがきっかけとなり、歴史的価値のある遺跡や建築物などを、国際的な組織によって守ろうという機運が生まれ、1972年に開催された第17回ユネスコ総会で世界遺産条約が成立し、1975年に正式に発効された。

1978年の第2回世界遺産委員会では、アメリカのイエローストーン国立公園や、エクアドルのガラパゴス諸島など12件が、記念すべき世界遺産第1号となった。

世界遺産にはどんな種類があるの？ Q3

世界遺産には次の３種類があり、有形の不動産が対象となっている。

世界遺産【全911件】(2011年5月現在)	文化遺産【704件】	顕著な普遍的価値を有する記念物、建造物群、遺跡、文化的景観など
	自然遺産【180件】	顕著な普遍的価値を有する地形や地質、生態系、景観、絶滅の恐れのある動植物の生息・生息地などを含む地域
	複合遺産【27件】	文化遺産と自然遺産の両方の価値を兼ね備えている遺産

どうやって世界遺産に登録されるの？ Q4

世界遺産への登録は、物件を保有する国が世界遺産条約の締約国になることが必要。その後、世界遺産リスト登録までの流れは次のようになる。

1 各国政府

1. 世界遺産条約を締結する。
2. 国内の暫定リストを作成し、UNESCO世界遺産センターに提出する。
3. 暫定リストに記載された物件のなかから条件が整ったものを、原則として1年につき各国1物件をUNESCO世界遺産センターに推薦する。

2 UNESCO 世界遺産センター

1. 各国政府からの推薦書を受理する。
2. 推薦された物件に関して、文化遺産についてICOMOS（国際記念物遺跡会議）、自然遺産についてはIUCN（国際自然保護連合）の専門機関に、現地調査の実施を依頼する。

3 UNESCO 世界遺産センター

1. ICOMOSとIUCNの専門家が現地調査を実施し、物件の価値や保護・保存状態、今後の保全・保存管理計画などについて評価報告書を作成する。
2. UNESCO世界遺産センターに報告書を提出。

4 世界遺産委員会

1. ICOMOS、IUCNの報告に基づき、世界遺産リストへの登録の可否を決定する。

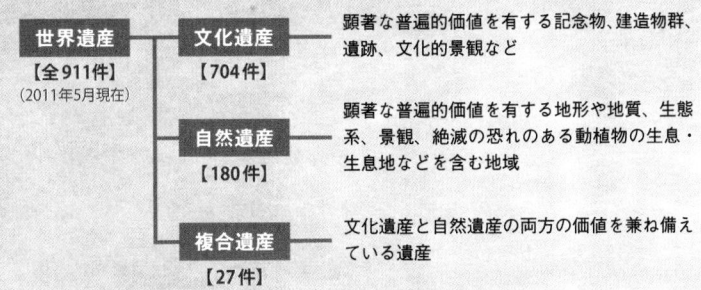

登録基準って何？ Q5

世界遺産リストに登録されるためには、下記に示した10項目の登録基準のうち、いずれか1つ以上に合致する必要がある。

世界遺産の登録基準

（ⅰ）人類の創造的才能を表す傑作である。

（ⅱ）ある期間、あるいは世界のある文化圏において、建築物、技術、記念碑、都市計画、景観設計の発展における人類の価値の重要な交流を示していること。

（ⅲ）現存する、あるいはすでに消滅した文化的伝統や文明に関する独特な、あるいはまれな証拠を示していること。

（ⅳ）人類の歴史の重要な段階を物語る建築様式、あるいは建築的または技術的な集合体または景観に関する優れた見本であること。

（ⅴ）ある文化（または複数の文化）を特徴づけるような人類の伝統的集落や土地・海洋利用、あるいは人類と環境の相互作用を示す優れた例であること。特に抗しきれない歴史の流れによってその存続が危うくなっている場合。

（ⅵ）顕著で普遍的な価値をもつ出来事、生きた伝統、思想、信仰、芸術的作品、あるいは文学的作品と直接または明白な関連があること（ただし、この基準はほかの基準とあわせて用いられることが望ましい）。

（ⅶ）類例を見ない自然美および美的要素をもつ優れた自然現象、あるいは地域を含むこと。

（ⅷ）生命進化の記録、地形形成において進行しつつある重要な地学的過程、あるいは重要な地質学的、自然地理学的特徴を含む、地球の歴史の主要な段階を代表とする顕著な例であること。

（ⅸ）陸上、淡水域、沿岸および海洋の生態系、動植物群集の進化や発展において、進行しつつある重要な生態学的・生物学的過程を代表する顕著な例であること。

（ⅹ）学術上、あるいは保全上の観点から見て、顕著で普遍的な価値をもつ、絶滅の恐れがある種を含む、生物の多様性の野生状態における保全にとって、最も重要な自然の生育地を含むこと。

※なお、世界遺産の登録基準は、2005年2月1日まで文化遺産と自然遺産についてそれぞれ定められていましたが、同年2月2日から上記の通り、文化遺産と自然遺産が統合された新しい登録基準に変更されました。
文化遺産、自然遺産、複合遺産の区分については、上記基準（ⅰ）～（ⅵ）で登録された物件は文化遺産、（ⅶ）～（ⅹ）で登録された物件は自然遺産、文化遺産と自然遺産の両方の基準で登録されたものは複合遺産とします。

すべての登録基準を満たす世界遺産は？ Q6

現時点で最も多くの登録基準を満たしている世界遺産は、7つの登録基準を満たす「泰山」[中国／文化遺産(ⅰ)(ⅱ)(ⅲ)(ⅳ)(ⅴ)(ⅵ)、自然遺産(ⅶ)]と、「タスマニア原生地域」[オーストラリア／文化遺産(ⅲ)(ⅳ)(ⅵ)、自然遺産(ⅶ)(ⅷ)(ⅸ)(ⅹ)]で、10項目すべてを満たす世界遺産は存在していない。

文化遺産の登録基準6項目をすべて満たす世界遺産は、「ヴェネツィアとその潟」(イタリア)、「泰山」(中国)、「莫高窟(ばっこうくつ)」(中国)の3件だ。

また、自然遺産の登録基準4項目をすべて満たす世界遺産は20件あり、「バイカル湖」(ロシア)や「グレート・バリア・リーフ」(オーストラリア)、「グランド・キャニオン国立公園」(アメリカ)などがあげられる。

【右上】岬全体が東方正教会の聖地であるギリシャのアトス山は、6つの登録基準(文化遺産=5つ、自然遺産=1つ)を満たしている。【右中】自然遺産の登録基準をすべて満たすグレート・バリア・リーフ。【右下】7つの登録基準を満たす中国の泰山。道教の聖地である五つの山(=五岳)のうち、最も尊い山とされる。【左上】タスマニア島だけに生息する、絶滅危惧(きぐ)種のタスマニアデビル。【左下】文化遺産のすべての登録基準を満たす莫高窟。中国の鳴沙(めいさ)山の絶壁に築かれた仏教石窟群。

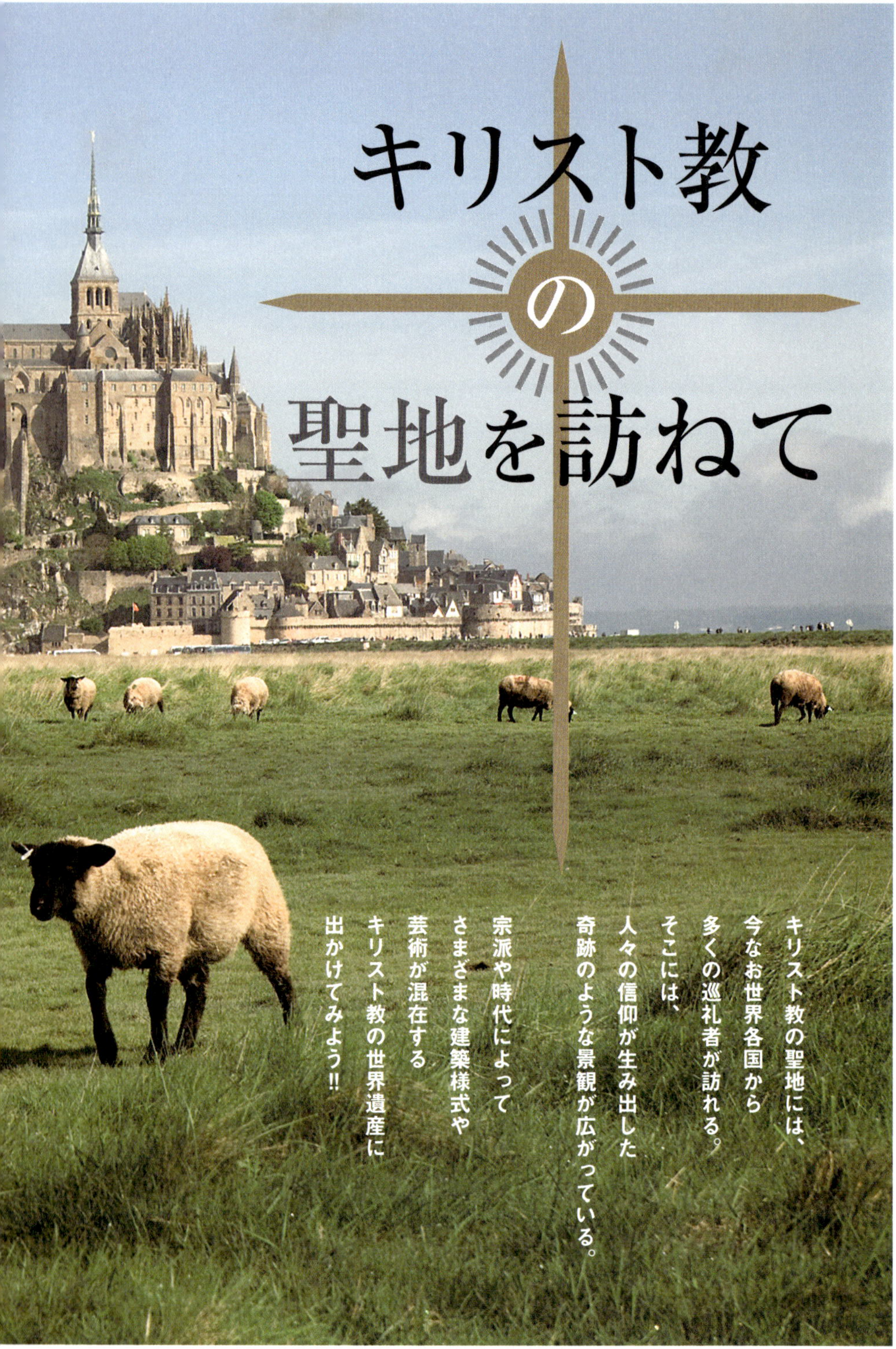

キリスト教の聖地を訪ねて

キリスト教の聖地には、
今なお世界各国から
多くの巡礼者が訪れる。
そこには、
人々の信仰が生み出した
奇跡のような景観が広がっている。
宗派や時代によって
さまざまな建築様式や
芸術が混在する
キリスト教の世界遺産に
出かけてみよう!!

01. モン-サン-ミシェル
【フランス】

02. サンティアゴ・デ・コンポステーラの巡礼路
【スペイン／フランス】

03. バチカン市国
【バチカン市国】

04. メテオラ
【ギリシャ】

05. キジ島の木造教会
【ロシア】

06. ケルン大聖堂
【ドイツ】

モン-サン-ミシェルと牧草地で草をはむ羊。

※登録基準の内容については8ページをご覧ください

01.

Mont-Saint-Michel

潮の干満によって刻一刻と表情を変える
美しき孤高の修道院

モン-サン-ミシェル

モン-サン-ミシェル(聖ミカエルの山の意)は、フランス北西部に位置するサン・マロ湾内の岩山に築かれた巨大な修道院で、同じく世界遺産である「フランスのサンティアゴ・デ・コンポステーラの巡礼路」の一部としても登録されている。

【DATA】

- 国名…フランス
- 登録名称…モン-サン-ミシェルとその湾
- 遺産区分…文化遺産
- 登録年…1979/2007年
- 登録基準…(i)(iii)(vi)
- 966年から13世紀にかけて建設された

朝霧に包まれて幻想的な姿を見せるモン-サン-ミシェル。

モン-サン-ミシェルの全景。北面には3層から成るゴシック様式の傑作「ラ・メルヴェイユ」があり、塔の先端には聖ミカエルの黄金像が載る。

COLUMN

「プーラールおばさん」のオムレツ

モン-サン-ミシェルの名物といえば、「プーラールおばさん」のオムレツ。この巨大なオムレツを考え出したアネット・プーラールは、モン-サン-ミシェルのパン屋の息子ヴィクトル・プーラールに嫁いだのち、1888年に巡礼者向けの宿屋を開業した。そこで、長い旅路で疲れきった巡礼者たちのために、ボリュームがあって栄養価の高い料理をと考案したのが始まりだという。

夫妻の宿屋は現在もホテル・ドゥ・ラ・メール・プーラールとして健在で、レストランで供されるオムレツは昔ながらのレシピを守り続けている。

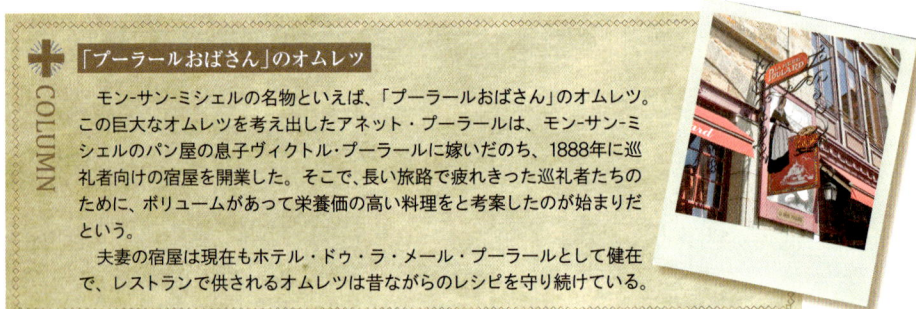

「西洋の驚異」と称される小島に築かれた修道院

　モン-サン-ミシェルはカトリックの巡礼地として有名で、湾に浮かぶ小さな岩山(小島)に築かれた荘厳な修道院は、周囲の荒涼とした風景、最大一五メートルに達するサン・マロ湾の干満の差などの自然環境と相まって「西洋の驚異」と称されている。

　モン-サン-ミシェルの歴史は、七〇八年に司教オベールが、大天使ミカエルから「この島に聖堂を建てよ」とのお告げを受けたことに始まる。その後、九六六年にノルマンディー公リチャード一世が修道院を建て、十三世紀ごろにはほぼ現在の形になったといわれている。また、十四〜十五世紀の百年戦争では要塞(ようさい)となり、十八世紀のフランス革命の際には監獄として利用された。

　現在は陸地化・草原化が進んでいるが、昔の巡礼者は干潮時に海を徒歩で渡らなければならず、満潮になると陸から切り離されて海に浮かぶという難所であった。この激しい干満のために、潮にのまれて命を落とす巡礼者も数多く、「モン-サン-ミシェルに行くなら遺書を書いていけ」といわれていたという。

✚ ACCESS

パリからTGVでレンヌ駅まで約2時間。レンヌ駅からバスで約1時間20分(パリ発の観光ツアーバスもある)。

【上】モン-サン-ミシェルの周囲に広がる干潟。【下】13世紀に完成した修道院の中庭と、ゴシック様式のアーチが美しい回廊。【左】かつて巡礼者が修道院へ向かった石畳の参道「グランド・リュ」。現在はレストランやホテル、土産物店が建ち並ぶ。

02.

Way of St. James

全長五〇〇〇キロ以上の巡礼路

サンティアゴ・デ・コンポステーラの巡礼路

主にフランス各地からピレネー山脈を越えてスペインのサンティアゴ・デ・コンポステーラへ向かう巡礼路を指す。スペインの巡礼路は一九九三年に世界遺産に登録され、一九九八年にフランスの巡礼路の一部と主要な建築物が別件で登録された。

【DATA】

- 国名…スペイン／フランス
- 登録名称…サンティアゴ・デ・コンポステーラの巡礼路
- 遺産区分…文化遺産
- 登録年…1993年／1998年
- 登録基準…(ⅱ)(ⅳ)(ⅵ)／(ⅱ)(ⅳ)(ⅵ)
- 9世紀～12世紀にかけて建設された

フランスの町ル・ピュイの岩山に建つサン＝ミシェル＝デギュイユ礼拝堂。

世界的にも珍しい“道”の世界遺産

スペインのガリシア地方にあるサンティアゴ・デ・コンポステーラは、ローマ、エルサレムと並ぶキリスト教の三大巡礼地として知られる。

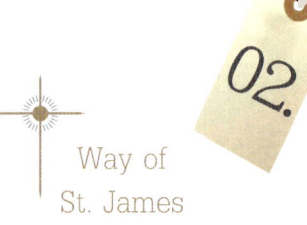

その歴史は、九世紀に聖ヤコブ(スペイン語でサンティアゴ)のものとされる遺骸(いがい)が発見され、やがてその上に大聖堂が建てられたことに始まる。

一〇〇〇年以上前に始まった巡礼は、聖ヤコブ信仰がヨーロッパ中に広まったことや、反イスラム勢力のシンボルとなったことにより、最盛期の十二世紀には年間五〇万人もの巡礼者が訪れた。それに伴い、巡礼路に沿った都市には、

【上／左】サンティアゴ・デ・コンポステーラ大聖堂。【上／右】サン＝ピエール教会の「預言者エレミア」の彫刻は、ロマネスク彫刻の頂点と称される。【下】サンティアゴ・デ・コンポステーラへと向かう巡礼者。

COLUMN

巡礼のシンボル

かつての巡礼者にとって、帆立貝の貝殻は皿代わり、ヒョウタンは水筒代わりとして、巡礼の必需品だった。そのため、現在でもつえにその2つをぶら下げて歩くのが巡礼の証しとなっている。

ロマネスク様式の美しい聖堂や修道院が数多く建てられた。

フランスからは、「トゥールの道」、「リモージュの道」、「ル・ピュイの道」、「トゥールーズの道」の主要な四つの道がスペインに向かう。スペインに入ると、拠点となる町に巡礼事務所があり、名前を登録すると巡礼者であることを証明する手帳が発行される。

全長約五〇〇〇キロ、徒歩で数カ月〜一年という長い道のりだが、現在も年間約一〇万人の巡礼者が聖地を訪れる。

ACCESS

マドリードからサンティアゴ・デ・コンポステーラ駅まで電車で約9時間。

サン・ピエトロ寺院の内部。中央には聖ペテロが使ったとされる聖ペテロのいす（ベルニーニ作）がある 。

03.

Vatican City

ヨーロッパ芸術の頂点に君臨する
カトリックの総本山

バチカン市国

ローマ教皇庁が統治するカトリックの総本山であるバチカン市国。ローマの町中にある世界で最も小さい国で、国土全域が世界遺産に登録されている。

【DATA】

- 国名…バチカン市国
- 登録名称…バチカン市国
- 遺産区分…文化遺産
- 登録年…1984年
- 登録基準…（ⅰ）（ⅱ）（ⅳ）（ⅵ）
- 4世紀～20世紀にかけて建設された

国土全域が世界遺産

三二六年、コンスタンティヌス帝によって、使徒ペテロの墓の上に最初の教会堂であるサン・ピエトロ寺院が建てられ、バチカンはカトリック教会の本拠地として発展した。

現在のサン・ピエトロ寺院は、十六世紀から十七世紀にかけて再建されたもので、設計陣には、ラファエロ、ミケランジェロ、ベルニーニなど、そうそうたる顔触れが名を連ねる。

サン・ピエトロ寺院と大階段でつながるバチカン宮殿は、ローマ教皇の住居として使用されているほか、バチカン美術館やシスティーナ礼拝堂なども備えている。

教皇礼拝堂として建設され

【上】夕暮れのサン・ピエトロ寺院。キリスト教の教会建築としては世界最大級の大きさを誇る。
【下】サン・ピエトロ寺院のクーポラから見たサン・ピエトロ広場とローマの町並み。

COLUMN

バチカンの名物

500年以上もの間、バチカンを警護するスイス衛兵隊。彼らはみんなカトリック教徒のスイス市民で、一見ピエロが着るようなユニークな制服は、ミケランジェロのデザインだとする説もある。

一四八一年に完成したシスティーナ礼拝堂は、ミケランジエロが描いた大天井画「創世記」やフレスコ画「最後の審判」で知られる。

宮殿の北側にあるバチカン美術館は、図書館や博物館などさまざまな建物を併設する世界最大級の美術館である。収蔵品も多岐にわたり、キリスト教美術を中心に、古代ギリシャやローマ彫刻、エジプト美術など、歴代ローマ教皇が収集した世界各地の美術品が展示されている。

ACCESS

ローマ市内のテルミニ駅から地下鉄A線に乗り、最寄りのオッタヴィアーノ駅まで約10分。下車後、徒歩約15分。

04.

Meteora

メテオラ

地上数百メートルの絶壁に築かれた空中に浮かぶ修道院

メテオラは、ギリシャ北西部テッサリア地方北端にある奇岩群と、その上に建設された修道院の総称で、ギリシャ語で「中空の」を意味する「メテオロス」に由来する。一九八八年に文化・自然複合遺産に登録された。

【DATA】

- 国名…ギリシャ
- 登録名称…メテオラ
- 遺産区分…複合遺産
- 登録年…1988年
- 登録基準…(ⅰ)(ⅱ)(ⅳ)(ⅴ)(ⅶ)
- 6000万年前に形成された奇岩の上に、14世紀〜16世紀にかけて修道院が建設された

メガロ・メテオロン修道院から望むルサヌ修道院。1545年に再建された後、1950年からは尼僧院になっている。

俗世とのかかわりを断った修道士たちの聖域

ギリシャの北西部に、高いもので地上から四〇〇メートルに達する奇岩群が存在する。垂直に林立する巨大な岩山は、およそ六〇〇〇万年前に形成されたと推測され、絶壁の頂に修道院群が築かれている。

その歴史は、九世紀ごろ、俗世とのかかわりを断ったギリシャ正教の隠者たちが、岩の割れ目や洞穴に住み着いたことに始まる。その後、徐々に修道士の数が増えたために、十一世紀ごろから修道院が建てられるようになった。

十四世紀に入り、ギリシャがイスラム教国であるオスマン帝国の侵攻を受けると、修道士たちは迫害から逃れよう

【上】1510年ごろに創建されたアギオス・ステファノス修道院は、メテオラに２つある尼僧院のうちの一つ。【下／左】メガロ・メテオロン修道院の壁画。【下／右】極彩色の壁画に彩られたアギア・トリアダ修道院の内部。

COLUMN

ガイコツがいっぱい!?

メガロ・メテオロン修道院には、ガイコツが所狭しと並んだ1室が……。この部屋は、修道士たちの頭蓋（ずがい）骨を納めた納骨堂。ちなみに、現在の修道士がここに入ることはないという。

と、天然の要害であるメテオラを目指した。十五世紀から十六世紀にかけて修道院の数は二四にも達したが、今日では六つの修道院が残るのみである。

　最大規模のメガロ・メテオロン修道院には、色鮮やかな壁画が残されており、かつての食堂は博物館として公開されている。また、現在は尼僧院として使用されているアギオス・ステファノス修道院には、聖ハラランボスの頭部が納められている。

ACCESS

アテネからメテオラのふもとの町カランバカまで列車で約5時間。下車後、修道院までバスで約15分。

顕栄聖堂〔左〕、生神女庇護聖堂〔中〕、鐘楼〔右〕から成る木造教会建築のアンサンブル。

05.

Kizhi Pogost

無名の職人たちが遺した
ユニークな木造建築

キジ島の木造教会

オネガ湖に浮かぶ小さな島、キジ島は、この地の先住民の言葉で「祭祀（さいし）の場」を意味する。数多くのロシア正教の木造教会がロシア全土から移築されており、一九九〇年に世界遺産に登録された。

【DATA】

- 国名…ロシア
- 登録名称…キジ島の木造教会
- 遺産区分…文化遺産
- 登録年…1990年
- 登録基準…(i)(iv)(v)
- 1714年から1874年にかけて建設された

一本のくぎも使わずに建てられた奇跡の教会

キジ島に初めて教会が建てられたのは十六世紀のことである。どのような建物だったかは不明だが、顕栄聖堂（プレオプラジェンスカヤ教会）と生神女庇護（ひご）聖堂（ポクロフスカヤ教会）はすでにあり、一六九〇年に顕栄聖堂が焼失、生神女庇護聖堂はのちに老朽化のために廃棄されたと伝えられている。なお、正教では「聖母」という称号は用いず「生神女」が使われる。

一七〇〇年から一七二一年まで戦われた北方戦争によって、顕栄聖堂と生神女庇護聖堂の再建はいったん頓挫する。北方戦争とは、モスクワ公国（ロシア）とその同盟軍とスウ

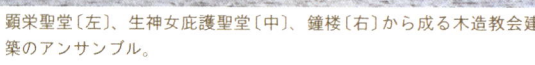

ヴォロニー・オーストロフ村から移築された風車小屋。1930年の建設当時は、台座部分が回転する仕組みになっていた。

COLUMN

タマネギ形のドーム

顕栄聖堂のタマネギの形をしたドームは、ロシア正教の聖堂によく見られる伝統的な建築様式。ロシア正教では、ネギボウズは炎を意味し、教会内での聖霊の活躍を象徴するといわれている。

エーデンなどとの間の北東ヨーロッパの覇権を賭けた戦いで、ロシアはこの戦争でバルト海の支配権を手に入れた。

そのような情勢のなかで、一七一四年に顕栄聖堂が、一七六四年に生神女庇護聖堂が再建された。また、一八七四年には鐘楼が建立され、一六〇年もの歳月をかけて、三つの木造教会建築のアンサンブルが完成した。驚くべきことに、これらの建造物の建材はすべて木で、くぎをはじめとして金属は一切使われていない。

ACCESS

モスクワから飛行機でペトロザヴォーツクへ（夜行列車もある）。そこから高速フェリーでキジ島まで約80分。

06.

Cologne Cathedral

六〇〇年以上の歳月をかけて完成した
世界で最も巨大なゴシック建築の金字塔

ケルン大聖堂

ローマ帝国時代から続く古都市ケルンのシンボルであるケルン大聖堂は、世界最大のゴシック様式の建造物として知られている。一九九六年に世界遺産に登録されたカトリックの大聖堂である。

ライトアップされたケルン大聖堂とホーエンツォレルン橋。

【DATA】

- 国名…ドイツ
- 登録名称…ケルン大聖堂
- 遺産区分…文化遺産
- 登録年…1996／2008年
- 登録基準…(ⅰ)(ⅱ)(ⅳ)
- 4世紀に創建されたのち、818年に再建され、1880年に完成した

六三〇年の時をかけて完成した受難の大聖堂

ケルン大聖堂の正式名称はザンクト・ペーター・ウント・マリア大聖堂(Dom St. Peter und Maria＝ペテロとマリアの大聖堂)で、現在の建物は三代目にあたる。初代の大聖堂が建設されたのは四世紀のことで、二代目は八一八年に建て替えられたが一二四八年に焼失。同年に三代目の建設が始まったが、十六世紀に工事が中断、一八四二年に再開されて、一八八〇年に完成した。

工事の中断は、十六世紀の宗教改革に端を発した三〇年戦争などの宗教をめぐる対立により、ドイツの国力が疲弊したことが原因であった。工

【上】入り口のファサードに並ぶ聖人像。大聖堂の外壁には、このような精緻（せいち）な彫刻が細部にわたって施されている。【下】ケルン大聖堂の内部。

COLUMN

ケルン大聖堂の危機

2004年、ケルン大聖堂は、周辺に高層ビルの建築計画がもち上がったことから、景観破壊の恐れがあるとして危機遺産に指定された。しかし、市当局が周囲に高さ規制を敷くなどしたことから、2006年に危機遺産リストから除かれている。

事中断の二〇〇年間を含めて、着工から完成まで実に六三〇年以上かかったことになる。

建設中断から再開までの間、二塔の巨大なファサードは一塔しかなかったが、一八一四年に設計図が偶然発見されて工事再開の足がかりとなったといわれている。

この高さ一五七メートルに及ぶファサードはゴシック建築の特徴で、天上世界により近づくために、天井を高くし、外光を取り入れることを追求している。

ACCESS

最寄りのケルン・ボン空港からドイツ鉄道ケルン中央駅まで約15分。下車後、徒歩1分。

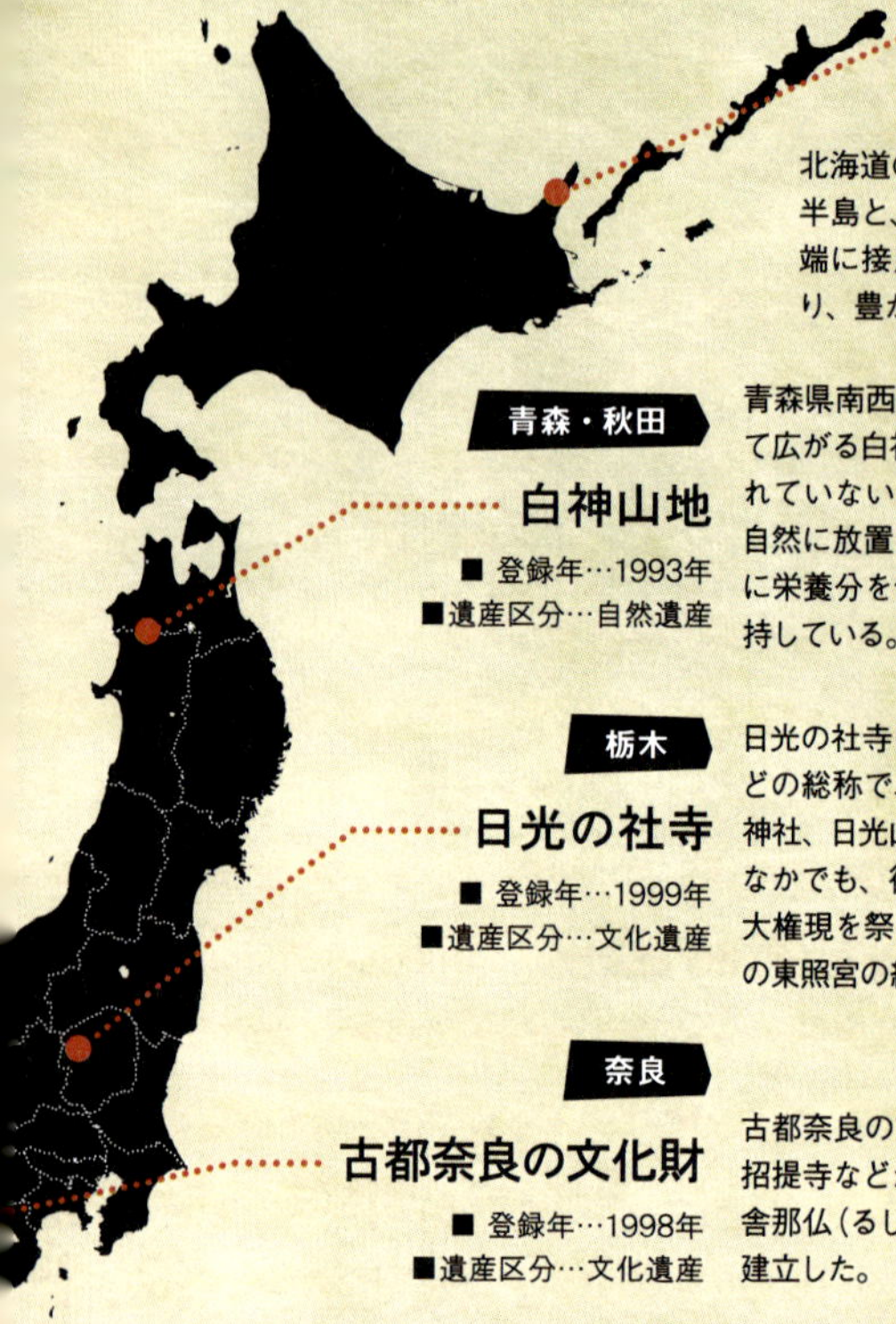

北海道

知床

■ 登録年…2005年
■遺産区分…自然遺産

北海道の東端にあるオホーツク海に面した知床半島と、その沿岸海域が登録対象。世界最南端に接岸する流氷により豊富な魚介類が集まり、豊かな生態系を形成する。

オシンコシンの滝

青森・秋田

白神山地

■ 登録年…1993年
■遺産区分…自然遺産

青森県南西部から秋田県北西部にかけて広がる白神山地には、人の手が加えられていないブナの原生林が現存する。自然に放置され倒れたブナは、動植物に栄養分を供給し、豊かな生態系を維持している。

白神山地の景観

栃木

日光の社寺

■ 登録年…1999年
■遺産区分…文化遺産

日光の社寺は、栃木県日光市の寺院などの総称で、日光東照宮、日光二荒山神社、日光山輪王寺などが有名である。なかでも、徳川家康を神格化した東照大権現を祭る日光東照宮は、日本全国の東照宮の総本社的存在。

陽明門

奈良

古都奈良の文化財

■ 登録年…1998年
■遺産区分…文化遺産

古都奈良の文化財は、東大寺をはじめとして、春日大社や薬師寺、唐招提寺などが登録対象となっている。「奈良の大仏」として知られる盧舍那仏（るしゃなぶつ）を本尊とする東大寺は、奈良時代に聖武天皇が建立した。

奈良

法隆寺地域の仏教建造物

■ 登録年…1993年
■遺産区分…文化遺産

法隆寺は、奈良県生駒郡斑鳩（いかるが）町にある寺院で、607年に聖徳太子が創建したとされる。金堂、五重塔を中心とする西院伽藍（がらん）は、現存する世界最古の木造建築物群である。

和歌山・奈良・三重

紀伊山地の霊場と参詣道

■ 登録年…2004年
■遺産区分…文化遺産

3県にまたがる3つの霊場と参詣道（熊野参詣道、大峯奥駈道、高野山町石道）が登録対象。昔から自然信仰の精神をはぐくんだ紀伊山地は、仏教伝来以降は山岳修行の場となり、日本独自の宗教・文化の発展と交流に大きな影響を与えた。

兵庫

姫路城

■ 登録年…1993年
■遺産区分…文化遺産

※詳細は93ページをご参照ください

旅のコラム_01

日本の世界遺産を知ろう！

現在登録されている日本の世界遺産は14件。2011年には2件が加わり、さらなる期待が高まっている。

祝 2011年、新たに世界遺産への登録が決定した2カ所を紹介!!

岩手 平泉ー仏国土(浄土)を表す建築・庭園及び考古学的遺跡群ー

平安時代末期に奥州藤原氏の本拠地として独自に発展した仏教寺院、浄土庭園などの遺跡が現存する。

東京 小笠原諸島

東京の南南東約1000kmにある30余の島々。独自に進化した生態系から「東洋のガラパゴス」と呼ばれる。

岐阜・富山

白川郷・五箇山の合掌造り集落

白川郷の合掌造り集落

■ 登録年…1995年
■遺産区分…文化遺産

合掌造りは、白川郷(岐阜県大野郡白川村)と五箇山(富山県南砺〔なんと〕市)で見られる建築で、江戸時代から始まった養蚕のために、屋根裏に棚を設置したことが始まりといわれている。

島根

石見銀山遺跡とその文化的景観

■ 登録年…2007年
■遺産区分…文化遺産

島根県大田市にある石見銀山は、戦国時代後期から江戸時代前期にかけて最盛期を迎えた日本最大の銀山で、当時は世界の銀の3割を産出したと推定される。特に、石見銀山では銀山開発時に環境への負荷が少ない開発がなされ、豊かな自然が残っている点が評価されている。

京都・滋賀

古都京都の文化財

■ 登録年…1994年
■遺産区分…文化遺産

京都府京都市・宇治市、滋賀県大津市の寺院などが登録対象。葵祭で有名な上賀茂神社や、室町時代前期の北山文化を代表する金閣寺、天台宗の総本山である延暦寺などがある。

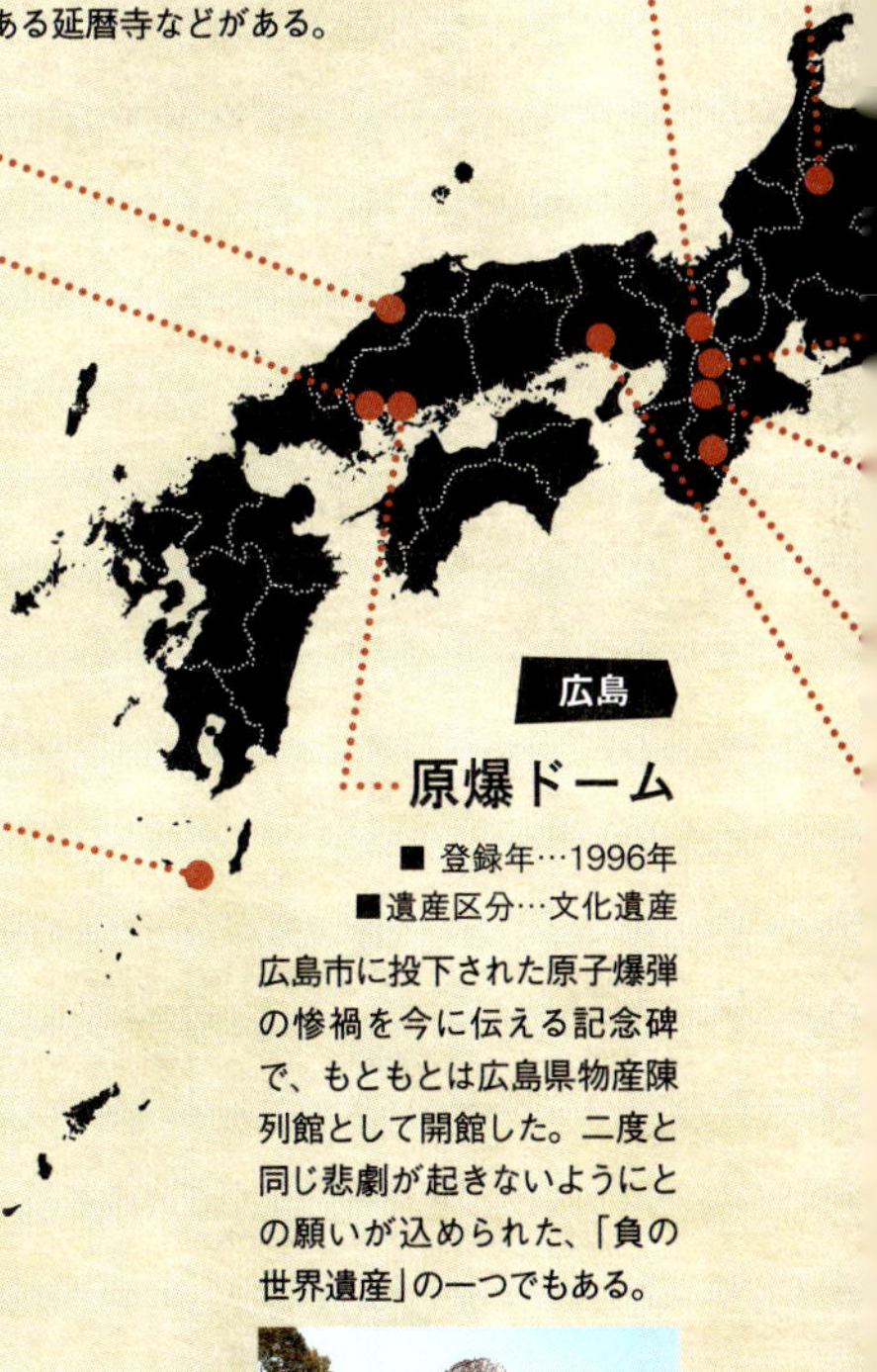

広島

厳島神社

厳島神社の鳥居

■ 登録年…1996年
■遺産区分…文化遺産

宮島に位置する厳島神社は、日本に約500ある厳島神社の総本社。古代より島自体が信仰の対象であったとされ、満潮時には海に浮かんでいるように見える鳥居が有名。

鹿児島

屋久島

■ 登録年…1993年
■遺産区分…自然遺産

※詳細は116ページをご参照ください

広島

原爆ドーム

■ 登録年…1996年
■遺産区分…文化遺産

広島市に投下された原子爆弾の惨禍を今に伝える記念碑で、もともとは広島県物産陳列館として開館した。二度と同じ悲劇が起きないようにとの願いが込められた、「負の世界遺産」の一つでもある。

原爆ドーム

沖縄

琉球王国のグスク及び関連遺産群

首里城の正殿正面

■ 登録年…2000年
■遺産区分…文化遺産

グスクとは、琉球王国時代に王などが居城した「城」を意味する。琉球王朝の王城であった首里城は、第二次大戦や琉球大学建設によって破壊され、今は城壁などの一部が残るのみである。

世界遺産のなかには、
エリア全体が遺産に
指定されている
町がある。
長い歴史が
刻まれた町では、
今もそこで暮らす
人々によって
昔ながらの文化が
受け継がれるとともに、
新たな時代が
つむがれている。

世界遺産の町を歩こう

パリの夜景と、ライトアップされたアレクサンドル3世橋。

※登録基準の内容については8ページをご覧ください

1900年のパリ万国博覧会に合わせて建設されたアレクサンドル3世橋から、セーヌ川とエッフェル塔を望む。

01.

Paris, Banks of the Seine

古い町並みと近代建築が調和した麗しき芸術の都

パリのセーヌ河岸

セーヌ川に沿った八キロの区間が、一九九一年に世界遺産に登録された。アンリ四世大通りとサンジェルマン大通りを結ぶシュリー橋からエッフェル塔近くのイエナ橋までと、中州であるシテ島とサン・ルイ島が登録範囲になっている。

【DATA】

- 国名…フランス
- 登録名称…パリのセーヌ河岸
- 遺産区分…文化遺産
- 登録年…1991年
- 登録基準…(ⅰ)(ⅱ)(ⅳ)
- 紀元前4世紀に最初の集落がつくられ、現在に至る

都心にいながらにして悠久の歴史に触れられる町

フランスの首都パリは、セーヌ川の中州であるシテ島から発達した町である。中世と近・現代建築とが調和した町並みは非常に美しく、なかでもセーヌ河岸は観光の中心となっている。

セーヌ川の右岸には、ルーブル美術館、コンコルド広場、マドレーヌ寺院、シャンゼリゼ通り、左岸には、オルセー美術館、ブルボン宮殿、エッフェル塔がある。シテ島にはノートルダム大聖堂が、サン・ルイ島にはサン＝ルイ＝アン＝リル教会などがある。

夜になると、ノートルダム大聖堂、エッフェル塔、ルーブル美術館、オルセー美術館

【上】パリに現存する最古の橋ポンヌフ橋から眺めるパリの夜景。【下】1225年に完成したノートルダム大聖堂。1804年には、ナポレオン・ボナパルトの戴冠式が執り行なわれた。

COLUMN

お手軽パリ観光

セーヌ川を手軽に観光するには遊覧船が便利。サン・ルイ島から自由の女神までを周遊するコースなどがあるが、ノートルダム大聖堂とエッフェル塔を結ぶ水上バスもお薦め。

などがライトアップされていっそう趣を増す。

最古の建造物は、おそらくはコンコルド広場の中心にそびえ立つオベリスク(記念碑の一種)だろう。エジプトのルクソール神殿から一八三三年に運んできたもので、高さは二三メートル。エジプトのオベリスクは、ローマ時代から戦利品として略奪の対象となり、ロンドン、ニューヨークなどに残っているが、コンコルド広場のオベリスクは状態がよく一見の価値がある。

ACCESS

シャルル・ドゴール空港からパリ市内まで、バス、電車、タクシーで30～50分程度。

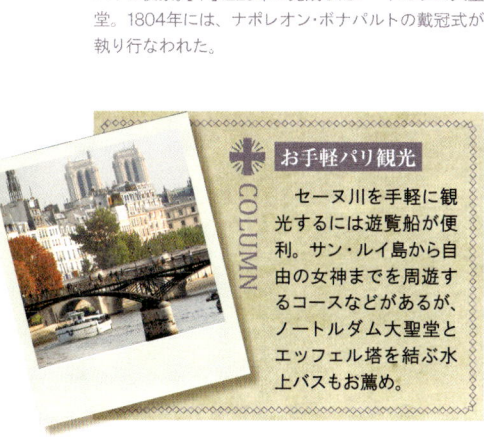

高級リゾート地として名高いポジターノ海岸。夏場になると、世界中から著名人や資産家が訪れる。

02.

Costiera Amalfitana

絶壁にカラフルな家々が建ち並ぶ「世界一美しい海岸」

アマルフィ海岸

アマルフィ海岸はティレニア海に開くサレルノ湾に面した海岸線で、ヴィエトリ・スル・マーレからアマルフィを経由しポジターノに至る約四〇キロの区域を指す。一九九七年に、自然遺産ではなく文化遺産として世界遺産に登録された。

【DATA】

- 国名…イタリア
- 登録名称…アマルフィ海岸
- 遺産区分…文化遺産
- 登録年…1997年
- 登録基準…(ii)(iv)(v)
- 9世紀から発展し、10世紀~11世紀に最盛期を迎える

絶壁に形成された宝石箱のような町

「世界一美しい海岸」とたたえられるアマルフィ海岸は、海岸線の間近まで山が迫り、山の斜面に小さな町が点在している。

平地が少なく、山の斜面に沿って家屋を建て増ししていったために、急斜面に寄り添うように町が形成された。町中には、外敵の侵入を防ぐ目的から、急こう配の狭い路地と階段が複雑に配置されている。

最も大きな町で、観光の拠点でもあるのがアマルフィだ。地中海特有の建物の白壁と紺ぺきの海はまるで絵画のように美しく、世界的な高級リゾート地となっている。中心に

【上／左】アマルフィ大聖堂の鐘楼。【上／右】路地裏は階段が複雑に配置されている。【下】町の中心にあるドゥオモ広場。中央奥にアマルフィ大聖堂がある。

COLUMN

アマルフィ大聖堂

アマルフィ大聖堂は、ロマネスク様式やバロック様式のほか、イスラム文化の影響も受けた世界的にも珍しい建築様式で有名。特に、有力者の墓地として造られた「天国の回廊」は、イスラム様式の交差アーチが美しく、まさに天国のよう。

は町を見下ろすようにアマルフィ大聖堂が建ち、現在も九世紀以来のさまざまな様式の建物や文化が息づいている。

歴史的には、十〜十一世紀ごろにアマルフィ公国として繁栄し、一時期はピサ、ジェノヴァ、ヴェネツィアなどと地中海の覇権を争ったが、十二世紀に入ると、ノルマン人による征服やピサによる略奪などにより急速に衰退した。

農産物ではレモンが有名で、これを原料にしたリモンチェッロというリキュールが特産。

ACCESS

ナポリからバスで約3時間。または、ローマからサレルノまでユーロスターで約2時間半。その後、船で約45分。

03.

Venice

文化遺産の登録基準をすべて満たす
美しき「水の都」

ヴェネツィア

イタリア半島のアドリア海側の付け根に位置するヴェネツィアは、「水の都」や「アドリア海の女王」など、その美しさをたたえる多くの呼び名をもつ。一九八七年に、中心街にある建築物や周辺の島々が、文化遺産の登録基準をすべて満たす数少ない世界遺産として登録された。

【DATA】

- 国名…イタリア
- 登録名称…ヴェネツィアとその潟
- 遺産区分…文化遺産
- 登録年…1987年
- 登録基準…(ⅰ)(ⅱ)(ⅲ)(ⅳ)(ⅴ)(ⅵ)
- 5世紀ごろに人が住み始め、現在に至る

大運河カナル・グランデとヴェネツィアの象徴であるサンタ・マリア・デッラ・サルーテ聖堂。

ヴェネツィアの北東約9kmにあるブラーノ島のカラフルな家々。

COLUMN

ヴェネツィアの交通事情

イタリア本土との間には、自動車用の橋と1846年に敷かれた鉄道があるので、往来は容易。しかし、市街は自動車の通行が禁止されており、車輪がある乗り物は乳母車と車いすくらいしか許可されていない。

市内の交通はもともとは手こぎの小舟「ゴンドラ」が担っていたが、現在は水上バスやフェリーが主流。ゴンドラは観光用で、日本でいえば浅草の人力車のような存在といえる。

ゴンドラの船頭はゴンドリエーラと呼ばれ、およそ800年の歴史があるとされている。ゴンドラはかつては貴族たちの交通手段として使われ、船頭は父から子へと受け継がれる世襲制だったという。

大小一五〇もの運河が迷路のように入り組む

ヴェネツィアはもともとは湿地であったため、一〇〇を超える島々を四〇〇以上の橋で結び、さらに大小一五〇もの運河が張り巡らされている。

この地に人が住み着いたのは五世紀ごろのことで、ゲルマン民族の侵入から逃れるために、居住には適していない湿地が選ばれたようだ。

その後、十字軍遠征（十一世紀から十三世紀）による権益の拡大によって最高潮に達したヴェネツィアの繁栄は、ルネサンスの時代まで続いて「アドリア海の女王」と称された。

サン・マルコ広場は海の玄関口にあり、ナポレオンが「世界一美しい広場」と絶賛したという。サン・マルコ大聖堂はビザンティン建築を代表する建築物で、一〇六三年に起工され十一世紀末ごろに完成したが、その後も改修・改築が行なわれている。

また、大聖堂に隣接するドゥカーレ宮殿（「総督の館」の意）は、ヴェネツィア共和国のドゥージェ（総督）の居城であると同時に、政務を執り行なう官庁でもあった。

このほかにも、カナル・グランデの建築群やリアルト橋など、見どころには事欠かない。

ACCESS

特急電車でミラノから3時間、ローマから5時間。またはマルコ・ポーロ空港から水上タクシーやバスなどで約20～30分。

【上】サン・マルコ大聖堂と満ち潮によって水没したサン・マルコ広場。【下】カナル・グランデに架かるリアルト橋。橋の通路は階段になっていて、土産物屋が軒を連ねる。【左】密集した建物の間を縫うようにして、迷路のように入り組んだ水路が縦横に走っている。

04.

Historic Centre of Florence

サンタ・マリア・デル・フィオーレ大聖堂（ドゥオモ）のクーポラとフィレンツェの町並み。

歴史的建造物が建ち並ぶ
ルネサンス発祥の地

フィレンツェ歴史地区

トスカーナ州の州都フィレンツェには、貴重な歴史的建造物や美術作品が保存されていて、「屋根のない博物館（美術館）」とも称される。一九八二年に、町の中心部がフィレンツェ歴史地区として世界遺産に登録された。

【DATA】

- 国名…イタリア
- 登録名称…フィレンツェ歴史地区
- 遺産区分…文化遺産
- 登録年…1982年
- 登録基準…(ⅰ)(ⅱ)(ⅲ)(ⅳ)(ⅵ)
- 13世紀～16世紀にかけて建設された

ルネサンス文化が今も息づく町

フィレンツェの歴史は、古代エトルリア人がこの地に町を建設したことから始まる。一時はローマ帝国の支配下となったが、十二世紀には自治が認められるようになり、十四世紀前半から毛織物業、金融業を中心に大きく発展した。

なかでも、膨大な富を蓄積してフィレンツェの実権を握ったメディチ家は、その財力を基盤に学問・芸術を大いに振興した。メディチ家の庇護（ひご）のもと、フィレンツェには多くの芸術家や学者が集まり、やがてルネサンスが花開いたのである。

フィレンツェを象徴する巨大なクーポラ（円蓋（えんが

【上／左】ヴェッキオ宮殿の前にあるミケランジェロのダビデ像のレプリカ。【上／右】サンタ・マリア・デル・フィオーレ大聖堂のファサード（正面）。【下】サンタ・マリア・デル・フィオーレ大聖堂に付属するサン・ジョヴァンニ洗礼堂の天井に描かれたモザイク画。

COLUMN

ポンテ・ヴェッキオ

アルノ川に架かるポンテ・ヴェッキオは、イタリア語で「古い橋」を意味するフィレンツェ最古の橋。現在は二階建ての宝飾店が軒を連ねているが、かつては肉屋が建ち並んでいたとのこと。

い」）を頂くサンタ・マリア・デル・フィオーレ大聖堂をはじめとして、メディチ家の住居だった市庁舎・ヴェッキオ宮、ボッティチェリの「ビーナスの誕生」で知られるウフィツィ美術館、歴代トスカーナ公の居館だったピッティ宮、レオナルド・ダ・ヴィンチが「モナリザ」の制作を行なったサンタ・マリア・ノヴェッラ教会、ミケランジェロやガリレオの墓があるサンタ・クローチェ聖堂など、まさに町全体が歴史の宝庫である。

ACCESS

ローマのテルミニ駅からユーロスターに乗り、フィレンツェのサンタ・マリア・ノヴェッラ駅まで1時間45分。

円形闘技場コロッセオの内部。かつては天井部分に日よけ用の布を張る設備があったという。

05.

Historic Centre of Rome

古代ローマの栄華を今に伝える「永遠の都」

ローマ歴史地区

イタリアの首都ローマには、数多くの古代の遺構が残されており、一九八〇年に世界遺産に登録された。一九九〇年には、アウグストゥスの霊廟(れいびょう)、ハドリアヌス帝の霊廟などが拡張登録されている。

【DATA】

- 国名…イタリア／バチカン市国
- 登録名称…ローマ歴史地区、教皇領とサン・パオロ・フオーリ・レ・ムーラ大聖堂
- 遺産区分…文化遺産
- 登録年…1980／1990年
- 登録基準…(ⅰ)(ⅱ)(ⅲ)(ⅳ)(ⅵ)
- 紀元前1世紀〜5世紀にかけて建設された

「都市のなかの都市」

ローマの歴史は、紀元前七世紀までさかのぼる。「永遠の都」と呼ばれるように、およそ二八〇〇年の長きにわたってローマ帝国の首都として栄え、現在に至るまで都市として機能し続けている。

ローマ歴史地区には、ローマ帝国の中枢だったフォロ・ロマーノ、初代皇帝アウグストゥスの霊廟、コロッセオ、パンテオン神殿、コンスタンティヌスの凱旋(がいせん)門など、当時の隆盛を示す数多くの遺跡が残されている。

なかでも、ローマのシンボルとなっているコロッセオは、五万人以上を収容する円形闘技場として、八〇年に建てられた。使用開始にあたっては、

【上】古代ローマの中心部として機能していたフォロ・ロマーノの遺跡。【左】パラティーノの丘に建つパンテオン内部のクーポラ(円蓋)。ここには、画家ラファエロの墓がある。

COLUMN

ローマの休日

ローマを観光するなら、映画『ローマの休日』の名所をたどるのもお薦め。スペイン広場のジェラートや真実の口など、1日で気軽に楽しめる。ちなみに、真実の口はもともとは下水溝のマンホールのふただった。

一〇〇日間にわたってイベントが開かれ、数百人の剣闘士が戦い命を落としたという。現在は、かつて多くの命が失われた場所であることから、死刑廃止運動のイベントのために使用されている。

パラティーノの丘とカンピドリオの丘の中間に位置するフォロ・ロマーノは、古代ローマにおける政治、経済、市民の生活の中心であった。近代的な都市のなかに巨大な遺跡群が悠然と建ち並ぶ景観は、ローマならではといえよう。

ACCESS

ローマ・フィウミチーノ空港から、ローマ市内まで車で約30分。または、テルミニ駅まで直通列車で約30分。

周囲をタホ川が流れるトレドの町並み。

06.

Historic City of Toledo

古都トレド

中世の面影を残す
スペインの歴史を凝縮した町

スペイン中央部、マドリードの南約七〇キロに位置するトレドは、中世にはイスラム教・ユダヤ教・キリスト教の文化が交錯した古都。「町全体が博物館」と称され、一九八六年に世界遺産に登録された。

【DATA】

- 国名…スペイン
- 登録名称…古都トレド
- 遺産区分…文化遺産
- 登録年…1986年
- 登録基準…(i)(ii)(iii)(iv)
- 紀元前1世紀～16世紀にかけて建設された

中世で時が止まった絵画のような町並み

周囲をタホ川が流れ、小高い丘にある城壁に囲まれた古都トレドは、町全体が中世そのままの姿で保存されている。

この町の歴史は、スペインの歴史ともいえる。紀元前一九〇年ころ、イベリア半島への進出を始めたローマ帝国に征服され、「トレトゥム」と呼ばれたのが「トレド」の由来。以来、一五六一年にマドリードに首都が移るまで、数々の支配者に統治されてきた。

ローマ帝国の支配下ではキリスト教が浸透し、帝国の衰退後は六世紀に西ゴート族が入り、西ゴート王国の首都として栄えた。八世紀前半になるとイスラム教徒が侵出し、

【上】3世紀にローマ帝国の宮殿として建てられたアルカサル。【左】トレドの路地。間に見えるトレド大聖堂はゴシック様式のカテドラルで、1493年に完成した。

COLUMN

画家が愛した町

スペイン絵画の巨匠エル・グレコは、1577年にギリシャからトレドに移り住んで以来、約40年間この町で過ごした。トレドには当時彼が住んでいたとされる家が美術館として残されている。

以後、約四〇〇年間はイスラムが支配した。

キリスト教徒の軍事力、イスラム教徒の農耕、かんがい、建築、工芸、ユダヤ教徒の科学、医学、国際的な金融感覚が一体となったトレドの文化水準は、当時のヨーロッパでもずば抜けていたという。

画家エル・グレコは、十六世紀にトレドの町に魅せられこの地に住み着いた。タホ川の対岸から見渡す町の美しさは、今も彼の描いた作品そのものである。

ACCESS

マドリードのアトーチャ駅から高速鉄道AVEに乗り、トレド駅まで約30分。または、車で約1時間。

07.

Old City of Dubrovnik

ドゥブロヴニク旧市街

「アドリア海の真珠」とうたわれる美しい町並み

クロアチア南端の都市ドゥブロヴニクは、一九七九年に世界遺産に登録された。その後、内戦で大部分が破壊され危機遺産に登録されたが、市民らの手によって建物が修復され、一九九八年に危機遺産リストから除外された。

【DATA】

- 国名…クロアチア
- 登録名称…ドゥブロヴニク旧市街
- 遺産区分…文化遺産
- 登録年…1979／1994年
- 登録基準…(ⅰ)(ⅲ)(ⅳ)
- 15世紀～16世紀にかけて貿易都市として繁栄。1991年の内戦で破壊されるが、市民らの手により再建された

オレンジ色の瓦屋根が連なるドゥブロヴニクの町並み。優美なドームを頂くドゥブロヴニク大聖堂は町のシンボルとなっている。

アドリア海に面したオレンジの屋根と白壁の家々

オレンジ色の瓦屋根と白い壁の家々が建ち並ぶドゥブロヴニクは、周囲を城壁で囲まれた城塞(じょうさい)都市で、その美しさから「アドリア海の真珠」とうたわれてきた。

その歴史は古く、天然の良港を生かして地中海交易の要衝として発展した。十四世紀には、イタリアのヴェネツィアに肩を並べるほどの都市国家となり、東西の大国に挟まれながら、優れた外交によって実に四〇〇年以上にわたって自治を守り通した。

しかし、ユーゴスラビアからの独立をめぐり一九九一年に内戦が勃発(ぼっぱつ)すると、町の大部分が破壊されて

【上】ドゥブロヴニクの全景。【下／左】古い石畳の路地は、急こう配の坂道が多い。【下／右】ドゥブロヴニクを東西に貫くプラッツァ通り。シンボルの時計塔を中心として、多くの人でにぎわう。

COLUMN

城壁は絶景ポイント

町全体をぐるりと囲む城壁の上は、散策も楽しめる絶景ポイント。城壁に設けられた入り口を抜けると、アドリア海を望むカフェやホテルなどがあり、海を眺めながらくつろぐことができる。

危機遺産に登録されてしまう。

内戦終結後、市民たちは再び町の美しい姿を取り戻そうと再建に取り組んだ。多くのボランティアや専門家と共に、古い資料を参考にして昔とまったく同じ建材、工法、道具を用い、瓦の形や色に至るまで徹底して町を復元していった。

その結果、内戦終結からわずか三年後の一九九八年には危機遺産リストから除外され、以前にも増して世界中から観光客が集まるリゾートとして見事によみがえったのである。

ACCESS

ドゥブロヴニク空港からシャトルバスで約20分。または、ザグレブから長距離バスで約10時間。

08.

Historic Centre of Prague

プラハ歴史地区

重厚な建築物と華やかな文化・芸術が集う
情緒あふれる「黄金の都」

チェコ共和国の首都プラハには、古い町並みと歴史的建造物が数多く現存する。一九九二年に、ヴルタヴァ川東岸の旧市街と新市街、西岸のフラッチャニ地区とマラー・ストラナ地区が、「プラハ歴史地区」として世界遺産に登録された。

【DATA】

- 国名…チェコ
- 登録名称…プラハ歴史地区
- 遺産区分…文化遺産
- 登録年…1992年
- 登録基準…（ⅱ）（ⅳ）（ⅵ）
- 11世紀～18世紀にかけて建設された

ライトアップされた夕暮れのプラハ城。

プラハ城内の黄金小路。かつて錬金術師たちが住んでいたことが名前の由来。手前の青い外壁の家は、チェコ出身の作家フランツ・カフカが仕事場にしていた家。

COLUMN

音楽の町・プラハ

プラハは、歴史の町であると同時に芸術・文化の町でもある。国民劇場、スタヴォフスケー劇場、国立劇場など、歴史ある劇場が数多く存在し、割安で本格的なオペラなどを楽しめるため、音楽を目当てにプラハを訪れる人も多い。なかでもスタヴォフスケー劇場は、1787年に「ドン・ジョバンニ」を初演した際にモーツァルト自身がタクトを振ったという、オペラファンにとっては聖地ともいえる劇場だ。

オペラ以外にも、プラハでは世界的な音楽祭が毎年開催されている。なかでも、チェコ出身の作曲家ベドジフ・スメタナの命日(5月12日)に、彼の代表作「わが祖国」の演奏でスタートする「プラハの春音楽祭」がよく知られている。

千年以上の歴史を物語る博物館のような町

　東ヨーロッパ有数の大都市プラハは、ボヘミア王国の都として栄えたのち、十四世紀に神聖ローマ帝国の首都となると、大規模な都市開発を経て「黄金のプラハ」とたたえられる美しい町として繁栄した。

　東岸に位置する町の象徴、プラハ城は、数世紀にわたって増築を繰り返した結果、世界で最も大きい城の一つとなった。建築様式は時代ごとに変化し、ゴシック様式の聖ヴィート大聖堂、ロマネスク様式の聖イジー教会など、一〇〇〇年以上の歴史を一度に堪能することができる。また、城内には大統領府、美術館、博物館なども設置されており、大部分が一般公開されている。

　ヴルタヴァ川の両岸をつなぐのは、ヨーロッパに現存する最古の石橋、カレル橋だ。欄干に並ぶ三〇体の聖人像のほか、橋の防衛のために建てられた三塔のうちで、特に旧市街側の塔はゴシック様式の傑作として名高い。

　このほかにも、中欧最古の大学であるカレル大学、ストラホフ修道院、旧市庁舎の天文時計、ティーン教会など、多くの建造物がプラハの壮大な歴史と繁栄を物語っている。

ACCESS

ヨーロッパの各都市を経由してルズィニェ空港へ。空港からプラハ市内までバスかタクシーで15～20分。

【上】プラハの中心に位置する旧市街広場。広場を囲むように土産物屋やカフェが軒を連ねる。
【下】プラハ城内にある聖ヴィート大聖堂内部。
【左】旧市街広場にあるプラハの天文時計。天文図を示す文字盤、キリストの使徒などが時間ごとに動く人形仕掛け、月を表す暦の円盤から成る。

09.

Historic Areas of Istanbul

ヨーロッパとアジアにまたがり
東西文化を融合させた国際都市

イスタンブール歴史地域

イスタンブールは、紀元前よりヨーロッパとアジアを結ぶ交易の中継地として栄えてきた。特に、東ローマ帝国やオスマン帝国の首都が置かれた旧市街には貴重な建造物が数多く現存しており、一九八五年に世界遺産に登録された。

【DATA】

- 国名…トルコ
- 登録名称…イスタンブール歴史地域
- 遺産区分…文化遺産
- 登録年…1985年
- 登録基準…(i)(ii)(iii)(iv)
- 紀元前7世紀～17世紀にかけて建設された

「世界一美しいモスク」と称されるスルタンアフメト・ジャミィ。内部は数万枚の青いタイルなどで彩られ、「ブルーモスク」とも呼ばれる。

激動の時代を経て東西文化が融合した町

イスタンブールの起源は、紀元前七世紀ごろに建設された古代ギリシャの植民都市ビュザンティオンである。

三三〇年にローマ帝国の新都となると、コンスタンティノポリスと改名され、三九五年のローマ帝国の東西分裂以降はビザンティン帝国の首都となった。その後、一一〇〇年以上にわたって繁栄したが、一四五三年、オスマン帝国の侵攻を受けてイスタンブールへと改名された。

キリスト教とイスラム教が融合したアヤ・ソフィアは、そうした歴史の流れを如実に示す建物。もともとは三六〇年に建てられたキリスト教の大聖堂で、オスマン帝国時代にイスラム教のモスクに転用された。直径三一メートル、高さ五〇メートルを超える巨大なドームを中心に、イスラム教の四つの尖塔（せんとう）が四方を囲む。内壁はしっくいなどで覆われているが、はがれた部分からキリスト教時代のモザイク画がのぞいている。
　このほかにも、オスマン帝国君主の居城だったトプカプ宮殿やスルタンアフメト・ジャミィ（ブルーモスク）など、多くの史跡が残されている。

【上】ビザンティン建築の最高傑作、アヤ・ソフィア。【下／左】アヤ・ソフィアの壁面に描かれたキリスト教時代のモザイク画。【下／右】東ローマ帝国時代の大貯水池であるイェレバタン地下貯水池（地下宮殿）。

COLUMN

買い物はバザールで

イスタンブールで買い物といえば、バザールが人気。最も有名なグラン・バザールは観光客向けの品物が大半だが、市民が日常的に利用するエジプシャン・バザールでは、現地の人々の生活が垣間見られる。

ACCESS

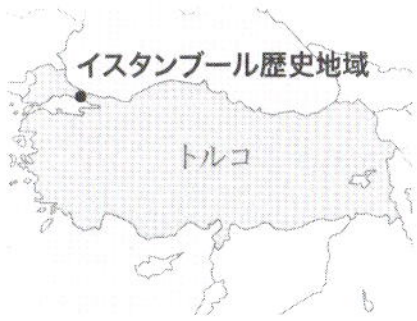

アタチュルク空港から旧市街まで、空港バス、タクシー、電車で約30～40分。

10.

Old Town of Lijiang

少数民族ナシ族が暮らす 古きよき町並み 麗江旧市街

麗江は、雲南省西北部の標高二四〇〇メートルの高原にある。旧市街には、水路や石畳、延々と連なる瓦屋根など、およそ八〇〇年以上の時を経た町並みが今も残されており、一九九七年に世界遺産に登録された。

水量豊富な水路の利用

麗江は、少数民族ナシ族によって十三世紀に建設された山岳都市で、やがて漢族やチベット族、周辺の少数民族の文化と融合し、独自の景観と文化を生み出した。

麗江は、治水に優れた町でもある。町中に張り巡らされた水路には、北側にそびえる玉龍雪山の澄んだ水が絶えず注ぎ込み、各家に供給されている。わき水をたたえる井戸は三段に区切られ、飲料水、野菜などの洗い場、洗濯場と、段差を利用して使い分けられている。そして、明代から行なわれている麗江独特の清掃法は、水路をせき止め、あふれ出た水が上流から下流へと流れることによって、石畳のごみや汚れを一気に洗い流す。

ACCESS

中国国内の空港から麗江空港に向かい、空港から旧市街までリムジンバスで約30分。

【DATA】

- 国名…中国
- 登録名称…麗江旧市街
- 遺産区分…文化遺産
- 登録年…1997年
- 登録基準…(ii)(iv)(v)
- 13世紀に建設された

【上】一面にいぶし銀の瓦屋根が連なる麗江旧市街の町並み。【右】旧市街に建ち並ぶ伝統的な家屋と町中に張り巡らされている水路。

「5層の屋根」を意味するニャタポラ寺院。石段の両側には守護神が並ぶ。

11.

Kathmandu Valley

カトマンズの谷

三つの王朝が築いた王宮と寺院群が軒を争う
ヒマラヤ山脈に抱かれた小さな盆地

カトマンズの谷(盆地)は、ヒマラヤ山脈のふもと、標高約一三〇〇メートルに位置する。マッラ王朝時代には、カトマンズ、バクタプル、パタンの三王国が競い合うように王宮や寺院を建て、ヒンドゥー教とチベット仏教が融合した独自の文化が形成された。

【DATA】

- 国名…ネパール
- 登録名称…カトマンズの谷
- 遺産区分…文化遺産
- 登録年…1979／2006年
- 登録基準…(iii)(iv)(vi)
- 13世紀～18世紀にかけて建設された

広場を中心に形成された独特の景観

カトマンズの谷の建物の特徴は、赤れんがと木の枠組みを組み合わせた建築技法で、王宮にはダルバール広場と呼ばれる王宮広場が付属している。寺院などの歴史的建築物は、ダルバール広場の周辺に集中して建てられている。

最も有名な寺院はスワヤンブナートで、中央には巨大な仏塔がそびえる。仏塔の四面には仏陀(ぶっだ)の目が描かれ、最頂部からはタルチョーと呼ばれる旗が八つの方向にかけられている。

パシュパティナートは、一五〇〇年以上の歴史を有するネパール最大のヒンドゥー教寺院で、インド大陸四大シヴァ寺院の一つに数えられる。

ACCESS

バンコクや上海を経由してトリブバン国際空港へ。空港から市内までタクシーで約15～30分。

スワヤンブナート寺院にあるネパール最大の巨大仏塔ボダナート(高さ36m)。

12.

Luang Prabang

人々の信仰と共に
美しい寺院群が残る古都

ルアン・パバン

ラオス北部の町ルアン・パバンには、ランサーン王国の首都として仏教文化が花開いた。町にはメコン川に沿って美しい寺院が数多く残り、現在も僧侶の修行の場となっている。一九九五年に世界遺産に登録された。

ラオス初の統一国家
ランサーン王国が築いた都

ルアン・パバンは、一三五三年、初めてラオスを統一したランサーン王国の都となって以来、クメール王国からもたらされた上座部仏教が隆盛し、多くの寺院が建立された。

その後、一六五〇年のビエンチャンへの遷都に始まり、他国による支配、独立と内戦、共産主義国家の成立など、激動の時代が続くが、ルアン・パバンはその間も、宗教的、文化的な要所として人々の支えであり続けたのである。

目抜き通りのシーサワンウォン通りに建つワット・シェントーンは、ラオスで最も美しい寺院といわれ、本堂裏の壁面には有名なモザイク画「生命の樹」が描かれている。

ACCESS

ビエンチャンやバンコクなどを経由し、ルアン・パバン国際空港からタクシーで約10分。

【DATA】

- 国名…ラオス
- 登録名称…ルアン・パバンの町
- 遺産区分…文化遺産
- 登録年…1995年
- 登録基準…(ii)(iv)(v)
- 1353年〜20世紀にかけて建設された

【上】1560年に建立されたワット・シェントーンは、屋根が軒に向かって低く流れるように造られた典型的なルアン・パバン様式。【右】毎朝行なわれている托鉢（たくはつ）には、何百人もの僧侶たちが並ぶ。

13.

Hoi An Ancient Town

古都ホイアン

国際色豊かな古い町並みが往時の面影を今に伝える

古都ホイアンは、ベトナム中部を流れるトゥボン川の河口に位置する古い港町で、中国やイスラム諸国との海上交易の中継点として大きく発展した。町にはさまざまな国の様式や文化が混ざり合った建物が軒を連ねて、情緒豊かな景観を生み出している。

ライトアップされた日本橋（来遠橋）。

【DATA】
- 国名…ベトナム
- 登録名称…古都ホイアン
- 遺産区分…文化遺産
- 登録年…1999年
- 登録基準…（ⅱ）（ⅴ）
- 15世紀～20世紀にかけて建設された

国際貿易都市

古都ホイアンの起源は、三世紀にこの地に興ったチャンパ王国にさかのぼる。十六世紀後半になると外国船の来航が活発になり、国際貿易都市へと発展した。

十九世紀に入ると、トゥボン川に土砂が堆積（たいせき）して浅くなり、港の機能に支障を来すようになったことなどの影響から、ホイアンは急速に衰退し近代化から取り残されてしまう。その一方で、当時のままの町並みが保存され、昔の面影を今に伝えている。

通りに建ち並ぶ黄色い壁の木造家屋は、築二〇〇年ほどの伝統的なもの。周辺には、かつて日本人が架橋したとされる日本橋（来遠橋）や、中国風の寺院などが点在している。

ACCESS

ホーチミン、ハノイから飛行機でダナンまで約1時間10分。ダナンからホイアンまでタクシーで約1時間。

ホイアンの歴史保存地区。伝統的な黄色い壁の家屋が残されている。

14.

Old Havana

スペイン植民地時代の情緒豊かな町並み

オールド・ハバナ

キューバの首都ハバナは、一五一九年に新大陸へ進出してきたスペイン人によって築かれた。歴史地区オールド・ハバナには植民地時代の建造物が集中しており、一九八二年に、現存する四つの要塞（ようさい）と共に世界遺産に登録された。

【DATA】

- 国名…キューバ
- 登録名称…オールド・ハバナとその要塞群
- 遺産区分…文化遺産
- 登録年…1982年
- 登録基準…(iv)(v)
- 1519年～18世紀にかけて建設された

カテドラル広場に建つハバナ大聖堂は、1776年に建てられたバロック建築の聖堂。

堅固なとりでが数多く築かれ要塞都市としても機能

砂糖とたばこの生産、そして、新大陸とヨーロッパを結ぶ貿易港として発展した植民都市ハバナには、膨大な富を得た富裕層によって、ハバナ大聖堂やハバナ大劇場をはじめとするバロック様式の豪華な建物が数多く建設された。

同時に、海賊や諸外国の攻撃を防ぐために要塞（ようさい）が築かれ、要塞都市としての機能も果たすようになる。

現存する要塞は四つ。最も古いフエルサ要塞が一五五八年に築かれ、翌五九年には高さ二〇メートルの城壁を誇り「カリブ海最強のとりで」と称されたモロ要塞が、一五九〇年にはモロ要塞の対岸にプンタ要塞が、一七六三年にハバナ湾の東側を防衛するカバーニャ要塞が建設された。

その後、一九〇二年の独立、一九五九年のキューバ革命と、激動の時代をくぐり抜けたハバナだが、昔と変わらない町並みを求めて、今も世界中から多くの観光客が訪れている。

また、ハバナは、アメリカの文豪アーネスト・ヘミングウェーがこよなく愛した町としても知られ、彼はここでの生活から名作「老人と海」の発想を得たという。

【上】オールド・ハバナの建物の多くはスペイン植民地時代に建てられたもので、老朽化が進んでいる。【下】ハバナ港の突端にあるモロ要塞（ようさい）。旧市街からは海底トンネルでつながっている。

COLUMN

クラシックカーの宝庫

ハバナを含めて、キューバでは1950〜60年代のアメリカ製クラシックカーが現役で走り回っている。情緒あふれる町をカラフルでおしゃれな車が行き交う光景は、まるで古い映画を見ているかのようだ。

ACCESS

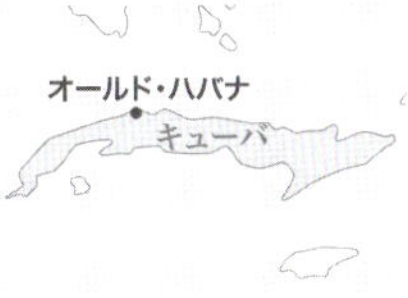

最寄りのホセ・マルティ国際空港からハバナ旧市街までタクシーで約30分。

巨大遺跡を巡る旅へ

何千年も前の時代に、
現代人には
想像もつかない方法で
巨大な建造物を
造りあげた人々がいた。

彼らはなぜ、
どのような方法で、
これらの建造物を
造ったのか。

現代の科学を
もってしても
解明することができない、
そんな謎に満ちた
巨大遺跡を巡る旅に
招待しよう。

01. アテネのアクロポリス
【ギリシャ】

02. エジプトのピラミッド地帯
【エジプト】

03. ペトラ
【ヨルダン】

04. 古代都市
チチェン・イッツァ
【メキシコ】

05. ナスカの地上絵
【ペルー】

06. マチュ・ピチュ
【ペルー】

07. アンコール遺跡
【カンボジア】

08. ボロブドゥル寺院遺跡群
【インドネシア】

09. アジャンター石窟群
【インド】

10. 万里の長城
【中国】

エジプト、ギーザの3大ピラミッド(奥)。手前の小さな3基は王妃のピラミッド。

 ※登録基準の内容については8ページをご覧ください

01.

Acropolis, Athens

古代ギリシャ文明の栄華と歴史を物語る
純白の傑作建築

アテネのアクロポリス

アテネのアクロポリスには、古代ギリシャを代表する四つの傑作建築、パルテノン神殿、プロピュライア（神域の入り口の門）、エレクテイオン神殿、アテナ・ニケ神殿が残存しており、一九八七年に世界遺産に登録された。

【DATA】

- 国名…ギリシャ
- 登録名称…アテネのアクロポリス
- 遺産区分…文化遺産
- 登録年…1987年
- 登録基準…（ⅰ）（ⅱ）（ⅲ）（ⅳ）（ⅵ）
- 紀元前5世紀に建設された

パルテノン神殿。創建当時は、高さ約12mの女神アテネの像や大理石の彫刻などで飾られていた。

アテネの中心にそびえる二五〇〇年以上前の遺跡群

アクロポリスとは、ポリス（都市、都市国家）の象徴となった小高い丘に造られた神殿や城塞（じょうさい）のことで、宗教的および軍事的な拠点とされていた。アテネ以外に、スパルタ、コリントス、アルゴスにも残されている。ポリス成立以前の王宮や王の居城が、ポリス成立後にアクロポリスに変容したといわれる。

女神アテナを祭るパルテノン神殿は、ユネスコの標章にも描かれている建物で、紀元前四九二年から同四四九年までのペルシャ戦争に勝利したことを記念して、紀元前四三二年に建てられた。この神殿が現存するもので、これ以前

【上】アクロポリスの丘には紀元前1600年ごろからミケーネ文明が栄え、その後、女神アテネの聖域として神殿が建設された。【左】紀元前5世紀末に完成したエレクテイオン神殿の南側には、6体の少女の柱像が屋根を支える「少女の玄関」がある。

にもパルテノン神殿はあったが、紀元前四八〇年のペルシャのクセルクセス一世の侵攻により略奪と破壊を受けている。全容は、幅三〇・六メートル、奥行き六八・七メートル、柱の高さ一〇・四三メートル。

現在残るエレクテイオン神殿の完成時期は、紀元前四二一年から同四〇七年までの間とされている。

アテナ・ニケ神殿は、幅五メートル、奥行き八メートルの小さな神殿で、紀元前四二四年に完成した。

COLUMN

ヘロデス・アッティコス奏楽堂

アクロポリスの南西にある奏楽堂（音楽ホール）は、大富豪ヘロデス・アッティコスが、亡き妻を追悼するために170年までに建造したといわれている。2000年以上たった現在も、劇場・音楽堂として使用されている。

ACCESS

エリニコン国際空港から地下鉄に乗り、モナストラキ駅下車後、徒歩5分。またはバスでアテネ市内まで約30分。

ずきんをかぶったファラオ（王）の顔とライオンの体をもつスフィンクスと3大ピラミッドの中央に位置するカフラー王のピラミッド。

02.

Egyptian Pyramid Fields

ファラオの権力のシンボル
神秘に包まれた古代文明の遺跡

エジプトのピラミッド地帯

ナイル川の西岸、カイロの南西二〇キロにあるギーザから、さらに南へ二〇キロのダハシュールまで広がるピラミッド地帯は、古代から世界中の人々が訪れる一大観光地であった。世界遺産には一九七九年に登録された。

【DATA】

- 国名…エジプト
- 登録名称…メンフィスとその墓地遺跡 - ギーザからダハシュールまでのピラミッド地帯
- 遺産区分…文化遺産
- 登録年…1979年
- 登録基準…(ⅰ)(ⅲ)(ⅵ)
- 紀元前2686年ごろから紀元前1728年ごろにかけて建設された

古代エジプトの繁栄を象徴する巨大建造物

エジプトでは、エジプト古王国（紀元前二六八六年ごろ～紀元前二一八五年ごろ）から中王国（紀元前二〇四〇年ごろ～紀元前一七二八年ごろ）にかけてピラミッドが築かれた。それ以後は造られておらず、二〇〇八年までに一三八個が発見されている。

エジプトのピラミッドは王の墓とされているが、そうではないとする説もある。また、墓うんぬんにかかわらず、農閑期の一種の公共事業でもあったとされている。

エジプトのピラミッドのなかでも最も有名なギーザの三大ピラミッド（クフ王のピラミッド、カフラー王のピラミ

【上】古代エジプトの時代から首都カイロの近郊都市として知られていたギーザの町。【下】ピラミッドのそばにはラクダを連れた遊牧民がいて、旅行者は民族衣装を着てラクダに乗り、記念撮影ができる。

COLUMN

ピラミッドの造り方

ピラミッドを構成する巨大な石の重さは、平均2.5tにも及ぶ。最も大きいクフ王のピラミッドには、200万個以上の石が使われたというのだから、どれだけ大規模な工事だったか想像を絶する。

ッド、メンカウラー王のピラミッド）をはじめ、ジェセル王の階段ピラミッド、メルエンラー一世のピラミッド、ペピ一世のピラミッド、スネフイル王の赤いピラミッド、スネフェル王の屈折ピラミッドが世界遺産の登録対象である。

このうちで、世界最古のピラミッドがジェセル王の階段ピラミッドだ。その後は、三大ピラミッドを頂点として、メンカウラー王のピラミッド以降は、王朝の衰退とともに規模が大幅に小さくなっていく。

ACCESS

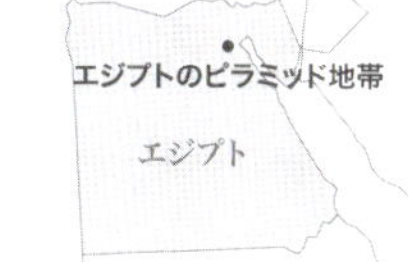

カイロ市内からギーザまでバスで約1時間。または、タクシーで約20分。

03.

Petra

巨大な岩山に築かれた
東西文化が混在するバラ色の古代都市

ペトラ

ヨルダンの中南部、死海とアカバ湾の間にある渓谷に位置するペトラは、貿易や交通の要衝として栄えた。岩窟(がんくつ)宮殿や墳墓群のほか、ローマ劇場やギリシャ風の彫刻など、東西の文化が融合した建造物が残されている。

【DATA】

- 国名…ヨルダン
- 登録名称…ペトラ
- 遺産区分…文化遺産
- 登録年…1985年
- 登録基準…(i)(iii)(iv)
- 紀元前2世紀〜1世紀にかけて建設された

ペトラを象徴するエル・ハズネ。外部の精巧な彫刻に比べて、内部には大広間と2つの小部屋があるのみ。

多くの謎に包まれた巨大岩山都市

ペトラとは、ギリシャ語で「岩」を意味する。その名が示す通り、遊牧民族ナバタイ人によって、紀元前二世紀ごろに築かれた巨大な岩山都市だ。もともとは自然の要害として機能していたが、石畳の道の脇などには水路の跡があり、優れた治水システムを備えた都市だったことがうかがえる。

一世紀初頭に最盛期を迎えたペトラの歴史は、一〇六年のローマ帝国による征服とともに滅亡への道を歩み、その後、十九世紀に発見されるまで、砂に埋もれて人々の記憶から忘れ去られていた。

高さ一〇〇メートルの巨岩に挟まれた裂け目「シーク」を

【上】「宮殿の墓」やつぼが発見された「アーンの墓」（つぼ形墳墓）など、大小さまざまな墓が並ぶ王宮墳墓群。【左】両側から迫り来る岩の裂け目を利用したエル・ハズネへの通り道「シーク」。

COLUMN

ペトラの歩き方

広大なペトラで乗り物を利用したい場合は、馬車に乗って「シーク」を抜けることができる。観光用のロバやラクダも用意されており、手綱を引いた係員の先導で決められたルートを回るスタイル。

通り抜けると、美しいバラ色の建物、エル・ハズネ（王の宝物殿）がその姿を現す。高さ三〇メートル、二階建ての巨大な建造物で、コリント式の円柱が並び、壁には細かい装飾が施されている。

ペトラ最大の遺跡エド・ディルは、一世紀半ばに建てられた神殿で、ここにたどり着くには岩に刻まれた階段を延延と上らなければならない。神殿前の広場からは、どこまでも続く砂漠と深い渓谷を一望することができる。

ACCESS

アンマンから最寄りのワディ・ムーサ村までバスで約3時間。遺跡の入り口までは車で約5分。

04.

Pre-Hispanic
City of Chichen-Itza

高度な天文学を駆使して造りあげた
マヤ文明の神聖なる都

古代都市チチェン-イッツァ

ユカタン半島の突端付近にある古代都市チチェン-イッツァは、十世紀から十三世紀初頭にかけて栄えたマヤ文明の遺跡で、一九八八年に世界遺産に登録された。最高神ククルカンを祭るピラミッドは、新・世界七不思議にも選ばれている。

神秘に満ちた古代都市

チチェン-イッツァの象徴エル・カスティーヨは、「羽毛のある蛇」を意味する最高神ククルカンを祭っている。ピラミッドの階段は一年の日数と同じ三六五段で、一面の階層は一八段。これはマヤ暦の一年を表すことから、「暦のピラミッド」とも呼ばれている。

また、春分と秋分の日没時には、ククルカンの胴体である巨大な蛇の影が階段に現れるように設計されていて、マヤ人が天文学や建築技術に非常に優れていたことが分かる。

マヤ文明にはいけにえの習慣があったことから、いけにえの心臓が供えられたチャック・モール像や、雨ごいや豊作祈願の際に財宝などを投げ込んだ泉「セノーテ」が残存する。

ACCESS

カンクンから長距離バスで約3時間。または、メリダから長距離バスで約2時間半。

【DATA】

- 国名…メキシコ
- 登録名称…古代都市チチェン-イッツァ
- 遺産区分…文化遺産
- 登録年…1988年
- 登録基準…（ⅰ）（ⅱ）（ⅲ）
- 10世紀～13世紀初頭にかけて建設された

【上】スペイン語で「城」を意味するエル・カスティーヨ。最上段には四角い神殿がある。【右】雨の神チャックのすみかと考えられていたセノーテ（聖なる泉）からは、大量の人骨や財宝などが発見されている。

05.

Lines and Geoglyphs of Nasca

古代ナスカ人が遺した大いなる謎
広大な不毛の大地に描かれた巨大地上絵

ナスカの地上絵

ペルー南部のナスカ川とインヘニオ川の間に位置するナスカ台地、パンパと呼ばれる平原に広がる砂漠地帯に、古代ナスカ人によって描かれた数百にも及ぶ巨大な地上絵が点在する。世界遺産には一九九四年に登録された。

代表的なハチドリの地上絵。最も多く描かれているモチーフだ。

【DATA】
- 国名…ペルー
- 登録名称…ナスカとフマナ平原の地上絵
- 遺産区分…文化遺産
- 登録年…1994年
- 登録基準…（ｉ）(iii)(iv)
- 紀元前2世紀～6世紀にかけて描かれた

史上最大の謎

ナスカの地上絵は、紀元前二世紀から六世紀の間に描かれたと考えられており、一九三九年に考古学者ポール・コソックによって発見された。

直線や幾何学模様のほか、動植物や日常道具などが描かれている。最も有名なハチドリは全長が九六メートルあり、ほとんどの絵が空からでないと全体像を把握できない。

一方で、描画の方法は至って単純。乾燥によって酸化し黒くなった表面の岩石を取り除き、その下にある明るい部分を露出させて描いている。

地上絵が描かれた理由には、雨ごいや宗教儀礼のためという説や宇宙人との交信説などがあるが、真の解明には至っていない。

地上絵発見以前に建設された高速道路によって破壊された絵もある。

ACCESS

リマから長距離バスで約7時間。地上絵を見るには、セスナなどでの遊覧飛行が一般的。

06.

Machu Picchu

標高二四〇〇メートルの絶壁に築かれた
古代インカ帝国のミステリアスな「空中都市」

マチュ・ピチュ

マチュ・ピチュは、アンデス山脈の標高約二四〇〇メートル、とがった山々がそびえるウルバンバ渓谷の絶壁に築かれた、インカ帝国の都市遺跡である。世界遺産には一九八三年に登録された。

【DATA】

- 国名…ペルー
- 登録名称…マチュ・ピチュの歴史保護区
- 遺産区分…複合遺産
- 登録年…1983年
- 登録基準…(i)(iii)(vii)(ix)
- 1450年ごろに建設されたと推定されている

マチュ・ピチュは、インカ帝国の最高神である太陽を観測し拝むために造られたともいわれる。

遺跡のそこかしこでアルパカやリャマに遭遇する（写真はアルパカ）。もともとマチュ・ピチュに生息していたわけではなく、撮影用に連れてこられたものが野生化したとのこと。

COLUMN

マチュ・ピチュへの豪華旅行

マチュ・ピチュへは、クスコから電車、または車と列車を乗り継いで、ふもとの町アグアスカリエンテスまで向かう。そこからバスで30分ほど上ると、遺跡の入り口に到着する。

マチュ・ピチュ行きの列車で特に人気があるのが、マチュ・ピチュの発見者の名前を冠したオリエントエクスプレス社の「ハイラム・ビンガム号」だ。

車内はバーラウンジをはじめとして豪華な設備が整い、片道およそ3時間半の道中では食事も提供される。また、先頭車両には展望スペースが設けられていて、アンデスの雄大な景色を思う存分堪能することができる。

インカ帝国が残した空中に浮かぶ都市

マチュ・ピチュとは、先住民族の言葉で「年老いた峰」を意味し、ふもとからはその姿を見ることができないために「空中都市」とも呼ばれている。

大広場を中心に、切り石を積み上げて築かれた神殿や宮殿、居住区が整然と並び、その周囲を城壁が取り囲む。天体観測所やかんがい施設を備えた段々畑などもあって、インカ文明がもつ技術の高さを示している。

総面積五平方キロの遺跡には、当時七五〇人ほどが暮らし、一四五〇年ごろに建造されたと考えられている。

しかし、誰が何の目的でこのような場所に都市を築いたかについては、皇帝の離宮や宗教施設といった説が唱えられてはいるが、いまだ解明には至っていない。

なかでも一番の謎は、十六世紀半ばに、インカの人々がこの都市を放棄し、こつぜんと姿を消してしまったことだ。

その後、マチュ・ピチュは四〇〇年以上にわたって歴史から忘れ去られ、一九一一年にアメリカの歴史学者ハイラム・ビンガムに偶然発見された時には、うっそうとした草に覆われた廃虚と化していた。

ACCESS

クスコから電車に乗り、ふもとの町アグアスカリエンテスまで約3時間半。その後、バスで遺跡の入り口まで約30分。

【上】太陽の神殿にあるインティワタナは、一種の日時計だったと考えられている。【下】遺跡内を散策する旅行者。【左】マチュ・ピチュの遺跡はすべて石で造られている。遺跡内には「インカの石組み」と呼ばれるすき間なく積まれた堅固な石壁も残されており、水路などにも利用された。

07.

Angkor

雄大でありながら繊細な造形美
クメール王朝の都として築かれた都市遺跡群

アンコール遺跡

アンコールは、カンボジア北西部の森林地帯に広がる巨大仏教遺跡群で、一九九二年に世界遺産に登録された。九世紀から十四世紀にかけてこの地に栄えたクメール王国の都で、王宮や寺院をはじめとして遺跡の数はおよそ七〇〇にも及ぶ。

【DATA】

- 国名…カンボジア
- 登録名称…アンコール
- 遺産区分…文化遺産
- 登録年…1992年
- 登録基準…(i)(ii)(iii)(iv)
- 9世紀～14世紀にかけて建設された

入り口の西参道から見たアンコール・ワット。カンボジアの象徴として、国旗にも描かれている。

12世紀末に仏教寺院として建立され、のちにヒンドゥー教寺院に改修されたと考えられているタ・プローム遺跡。
樹木は発見当時から伐採されておらず、生命力あふれる木々と壊れゆく遺跡のコントラストが圧巻。

COLUMN

ヒンドゥー教の女神

アンコール遺跡の壁面でよく見かけるのが、華やかな冠をかぶり、髪飾りや指輪などの装飾品を身につけた女性のレリーフ。

彼女たちは「デヴァダー」と呼ばれるヒンドゥー教の女神で、アンコール・ワットだけでも2000体以上の「デヴァダー」が彫られている。よく見ると、表情はもちろんのこと、ポーズや衣服のデザインまで、一つとして同じものがないことに驚かされる。また、寺院や彫られた年代ごとに特徴が異なるので、それぞれ見比べてみるのも一興である。

世界三大仏教遺跡に名を連ねる傑作建築の数々

クメール王国がこの地に誕生したのは九世紀初頭。その後、インドシナ半島全域を支配して隆盛を極めたが、十四世紀にアユタヤ王国の侵攻を受けて滅び、アンコール遺跡は十九世紀に発見されるまで密林に埋もれていた。

クメール建築の傑作として名高いアンコール・ワット（大きな寺の意）は、スールヤヴアルマン二世によって一一一三年から三二年の歳月をかけて建立された墳墓寺院である。

周囲を堀に囲まれた境内には三重の回廊が巡らされ、その内側に五つの巨塔がそびえる。中央の塔は高さが六五メートルあり、回廊の壁は仏教の歴史を描いたレリーフで埋め尽くされている。

アンコール・ワットの北には、十二世紀末に建設された城塞（じょうさい）都市アンコール・トムがある。「大きな町」を意味する名の通り、一辺三キロ、高さ八メートルの城壁に囲まれ、五つの城門が配置されている。見どころは中央に位置する寺院バイヨンで、塔の四面に彫られた四面仏は、「クメールのほほ笑み」と呼ばれる穏やかな表情を浮かべている。

ACCESS

シェムリアップ空港から最寄りの町シェムリアップまで車で約20分。町から遺跡まで車で約20分。

【上】アンコール・トムの中央付近にあるヒンドゥー・仏教混交の寺院跡バイヨンの南門。【下】現在は寺院として機能していないが、今も多くの僧侶たちが各地からアンコール・ワットに参拝している。【左】「クメールのほほ笑み」をたたえた寺院バイヨンの四面仏。

08.

Borobudur
Temple Compounds

密林の奥深くに眠っていた
謎多き巨大仏教寺院遺跡

ボロブドゥル寺院遺跡群

ジャワ島の中部、山々に囲まれた平原に位置するボロブドゥルは、八世紀から九世紀にかけてこの地を支配したシャイレーンドラ朝によって建てられた、巨大な大乗仏教寺院群だ。世界遺産には一九九一年に登録された。

数百万個の石材が使われた大規模石造遺跡

ボロブドゥルの最大の特徴は、内部空間をもたないということだ。一辺が約一二〇メートルの巨大な方形壇を基礎として、その上に五層の方形壇と三層の円形壇が、階段ピラミッド状に積まれている。

方形壇の各層には回廊が巡らされ、仏教説話に基づいたレリーフが施されている。柔和な表情の石仏は、回廊のくぼみと円形壇の上に築かれた七二のストゥーパ(仏塔)の内部に一体ずつ納められており、その総数は五〇四体に達する。

ボロブドゥルは、建立から程なくして突如として歴史から消え、一八一四年に発見されるまで、一〇〇〇年以上も密林に埋もれていた。

ACCESS

ジョグジャカルタからバスで約1時間半。

【DATA】

- 国名…インドネシア
- 登録名称…ボロブドゥル寺院遺跡群
- 遺産区分…文化遺産
- 登録年…1991年
- 登録基準…(ⅰ)(ⅱ)(ⅵ)
- 8世紀～9世紀にかけて建設された

【上】ボロブドゥル寺院の建設に使用された石材は、200万個以上に及ぶ。【右】円形壇上に並ぶ仏像と仏塔。仏塔の釣り鐘状になっている部分からは、中の仏像を見ることができる。

09.

Ajanta Caves

アジア仏教美術の源が眠る
絶壁に築かれた大小三〇の石窟寺院群

アジャンター石窟群

アジャンター石窟(せっくつ)群は、ムンバイの北西、マハラーシュートラ州の北部にある仏教の石窟寺院群で、世界遺産には一九八三年に登録された。石窟の数は大小三〇に及び、ワーグラー川の湾曲部を囲む五五〇メートルの絶壁の間に築かれている。

「ヴィハーラ窟」である第2窟の仏殿は、彩色壁画で埋め尽くされている。

忘れ去られた仏教美術の宝庫

アジャンター石窟群の開窟時期は二期に分けられ、前期は紀元前一世紀ごろから二世紀前半まで、後期は五世紀後半から六世紀半ばごろまでとされている。その後は八世紀ごろまでに放棄され、一八一五年にイギリス軍士官によって発見されるまで、人々の記憶から消え去っていた。

石窟には、仏塔などがある「チャイティヤ窟」と、僧院の役割を担う「ヴィハーラ窟」の二種類がある。

「チャイティヤ窟」は二層分の高さがあり、後期窟は彫刻や壁画に優れている。また、後期の「ヴィハーラ窟」は、ブッダの座像が安置されるなど仏殿としての性格が色濃い。

【DATA】

- 国名…インド
- 登録名称…アジャンター石窟群
- 遺産区分…文化遺産
- 登録年…1983年
- 登録基準…(i)(ii)(iii)(vi)
- 紀元前1世紀ごろから6世紀中ごろにかけて建設された

大きく湾曲した河岸の絶壁に築かれているアジャンター石窟群。

ACCESS

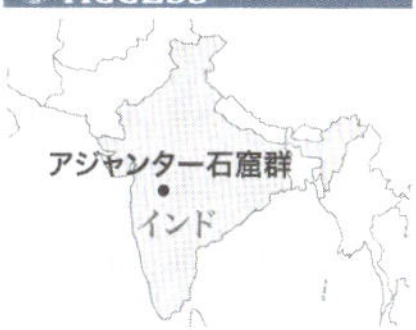

アウランガバード市街から最寄りの村ファルダプル行きのバスで約2時間半。アジャンター石窟入り口で下車。

10.

The Great Wall

二〇〇〇年の歳月をかけて築かれた史上最大の建造物

万里の長城

万里の長城は、東端の遼寧省虎山から西端の甘粛省嘉峪関（かよくかん）まで、総延長八五五一キロに及ぶ長大な防壁で、一九八七年に世界遺産に登録された。また、新・世界七不思議の一つにも選ばれている。

霧が立ち込める万里の長城。尾根（おね）に沿って築かれているため天気が変わりやすく、その景観も刻一刻と変化する。

【DATA】

- 国名…中国
- 登録名称…万里の長城
- 遺産区分…文化遺産
- 登録年…1987年
- 登録基準…(i)(ii)(iii)(iv)(vi)
- 紀元前7世紀ごろから15世紀にかけて建設された

総延長八五〇〇キロ以上の壮大な城壁

万里の長城は、一般には秦の始皇帝が造り始めたとされているが、実際には、始皇帝以前の戦国時代（紀元前二二一年まで）から長城の原型はあり、始皇帝の中国統一以後、北方民族に対する防衛の目的で整備・拡張が行なわれていった。なお、現存する城壁の多くは明代に築かれたものだ。

その東端は、長らく河北省山海関とされてきたが、二〇〇九年に東端は虎山となり、総延長は、従来の六三五二キロから、絶壁などの天然の要害を含めて二二〇〇キロも延伸された（＊）。

万里の長城は中国随一の観光名所だが、あまりに長大な

＊＝2011年、中国国家文物局の調査により、総延長は2万1000km以上であると発表された。

【上】万里の長城の関所は、数百m間隔で設置されており、現在は長城登山の休息所として利用されている。
【左】急なこう配の坂を上る旅行者。万里の長城にはいくつかルートがあるから、自分に合う道を選ぶとよいだろう。

COLUMN

万里の長城の最難関

万里の長城で最も観光しやすいのが北京郊外の八達嶺、その対極は西端の嘉峪関だろう。周囲733m、高さ11mの城壁に囲まれていて、ゴビ砂漠に悠然と建つ姿は悠久の時を感じさせる。

ために場所によって様子がまったく異なる。見どころは、シルクロードの要衝で創建当時の状態をよく保っている西端の嘉峪関(かよくかん)、明代まで難攻不落の要衝であった山海関、北京の北西郊外にある八達嶺(はったつれい)などだろう。

八達嶺長城は首都北京を守る要衝で、明朝の威厳を示す目的もあって特に重厚・堅固に造られている。八達嶺長城の最高地点「北八楼」は標高一〇〇〇メートルを超える。

ACCESS

最も有名な八達嶺へは、北京からバスで約1時間半。または、北京北駅から列車で約1時間20分。

あこがれの宮殿とお城を訪ねて

古今東西の様式を取り入れた
優美な姿が、
周囲の景観と見事に調和した
宮殿や城郭。

数え切れないほどの部屋は
職人たちが丹精込めて作った
豪華な調度品で飾られる。

その一方で、
外部からの侵入を防ぐために
堅固な壁や堀を巡らし、
戦禍に備える城塞としても
機能した。

権力者たちの栄華を今に伝える
美しく力強い宮殿と城郭を
訪ねてみよう。

01. ウェストミンスター宮殿【イギリス】

02. ヴェルサイユ宮殿【フランス】

03. アルハンブラ宮殿【スペイン】

04. ラサのポタラ宮【中国】

05. 昌徳宮【韓国】

06. 姫路城【日本】

ライトアップされたスペインのアルハンブラ宮殿。

※登録基準の内容については8ページをご覧ください

01.

Westminster Palace

歴代イングランド王朝の権威を象徴する
堂々たるたたずまい

ウェストミンスター宮殿

絶対的イングランド王朝を象徴するウェストミンスター宮殿は、ロンドン中心部のテムズ川河畔に建つ。ウェストミンスター寺院、聖マーガレット教会と共に世界遺産に登録されている。

【DATA】

- 国名…イギリス
- 登録名称…ウェストミンスター宮殿、ウェストミンスター大寺院及び聖マーガレット教会
- 遺産区分…文化遺産
- 登録年…1987／2008年
- 登録基準…(ⅰ)(ⅱ)(ⅳ)
- 1090年に建設されたのち、1834年に焼失。1860年に再建された

夕暮れのウェストミンスター宮殿。左にはヴィクトリア・タワーが、右には時計塔ビッグ・ベンがそびえる。

イギリスを代表する景観

現在は国会議事堂となっているウェストミンスター宮殿は、エドワード懺悔(ざんげ)王が一〇五〇年に着工し、一〇九〇年に完成している。この建物は一五二九年まで王の宮殿として使われていたが、ヘンリー八世が宮殿を移し、ここは議会と裁判所になった。

この宮殿は、一八三四年の火災で大半が焼け落ち、公募で選ばれたチャールズ・ベリーの設計によって、一八四〇年から二〇年の歳月をかけて再建された。

宮殿の北側に建つ高さ九六メートルのビッグ・ベンは、一八五八年に時計塔が完成。一八五九年以来、一五分置きに鐘を鳴らし続けている。鐘の

【上】ウェストミンスター宮殿の全長は300m、部屋数は1100以上に及ぶ。
【左】ウェストミンスター寺院の西正面。イギリス国教会の教会であるウェストミンスター寺院は、1065年にエドワード1世がノルマン様式で建造したが、13世紀にヘンリー3世によってゴシック様式に改築された。

COLUMN

ロンドンの赤いバス

ロンドンといえば、赤い二階建てのバス「ルートマスター」が有名。ロンドン市内の路線バスとして運行されていたが、2005年に引退。現在は、観光バスとして名所旧跡を巡っている。

重さは一三・五トン。

一方、ウェストミンスター寺院は、国会議事堂の裏にあるゴシック建築の代表格。これもエドワード懺悔王が建てたもので、イングランド国王の戴冠式が執り行なわれる。故ダイアナ妃の葬儀もここで行なわれたほか、二〇一一年四月には、故ダイアナ妃の長男であるウィリアム王子とキャサリン嬢が挙式し話題になった。また、王家の廟（びょう）があり、二五人の国王と王妃が葬られている。

ACCESS

ロンドン市内から地下鉄に乗り、ウェストミンスター駅で下車、徒歩約3分。

全長73mにも及ぶ「鏡の間」では、公的な儀式などが執り行なわれた。

02.

Palace of Versailles

絢爛豪華な宮殿と
贅の限りを尽くした広大な庭園

ヴェルサイユ宮殿

ヴェルサイユ宮殿は、パリの南西二二キロに位置する。フランス絶対王政の象徴とも称され、その豪華さと高い完成度から世界中の宮殿で模倣された。一九七九年に世界遺産に登録され、二〇〇七年に宮殿の周囲に緩衝地帯が設けられて拡大登録されている。

【DATA】

- 国名…フランス
- 登録名称…ヴェルサイユの宮殿と庭園
- 遺産区分…文化遺産
- 登録年…1979／2007年
- 登録基準…（ⅰ）（ⅱ）（ⅵ）
- 1624年に創建され、1661～1682年にかけて改修された

ルイ一四世が愛した バロック建築の白眉

ヴェルサイユ宮殿は、一六八二年にルイ一四世が完成させたバロック建築の傑作として知られる。建築家のジュール・アルドゥアン＝マンサールとルイ・ル・ヴォー、画家のシャルル・ル・ブラン、造園家のアンドレ・ル・ノートルらが造営に携わった豪華な宮殿と庭園は、当時の優雅な宮廷生活を今に伝える。

　もともとはルイ一三世が一六二四年に狩猟用の館として建てたものだが、一六六一年からルイ一四世が増築に着手した。一六六七年からは庭園の造園が始められ、一六七五年から一六八五年にかけて噴水関連の工事が行なわれた。

【上】ヴェルサイユ宮殿の外観。【左】オレンジや月桂樹など南方の樹木が並べられていた「オランジュリー（オレンジ園）」。これらの樹木は、冬になると奥に見える温室で保存された。

COLUMN

宮殿の秘密

当時のヴェルサイユ宮殿には、王族以外が使用できるトイレはなく、多くの人が庭や廊下などで用を足したという。ルイ14世がヴェルサイユ宮殿に移ったのは、ルーブル宮殿が不潔になったからとも伝えられている。

この噴水工事にはセーヌ川のダム建設も含まれていて、セーヌ川の水を機械の力でくみ上げて、一〇キロもの距離を水道橋などを建設して引き込む大工事だった。水は宮殿の貯水槽にためられて、噴水庭園に供給された。これは、自然さえも変える王の力を誇示するためといわれる。

一六六八年には再度の増築が行なわれたが、この時に第一次大戦でドイツとの講和条約（ヴェルサイユ条約）を締結した「鏡の間」が造られている。

ACCESS

パリ市内からRER（急行地下鉄）に乗り、ヴェルサイユ・リヴ・ゴーシュ駅で下車、徒歩約10分。

03.

Alhambra

「アンダルシアの宝石」とうたわれる
イスラム建築の最高傑作

アルハンブラ宮殿

アルハンブラ宮殿は、アンダルシア地方の都市グラナダの南東に連なる丘の上に建つ。城塞(じょうさい)都市の機能を備えたイスラム建築の傑作で、一九八四年に世界遺産に登録された。一九九四年には離宮ヘネラリーフェとアルバイシン地区が追加登録されている。

【DATA】

- 国名…スペイン
- 登録名称…グラナダのアルハンブラ、ヘネラリーフェ、アルバイシン地区
- 遺産区分…文化遺産
- 登録年…1984／1994年
- 登録基準…(ⅰ)(ⅲ)(ⅳ)
- 8世紀～14世紀にかけて建設された

アルハンブラとは「赤い城」を意味し、当時は赤いしっくいで塗られていたという説もある。

王宮のアラヤネスの中庭。アラヤネスとは池の両側に植えられている天人花(テンニンカ)のことで、池の両側の建物は王の4人の正室の部屋であった。

COLUMN

イスラム建築の装飾

イスラムでは偶像崇拝が禁止されていることから、幾何学模様や文字の書法が発展した。そのため、彫像彫刻による装飾が施されていることが多いキリスト教の建造物とは対照的に、イスラム建築ではアラベスクやカリグラフィーといった技法が装飾として取り入れられている。

アラベスクは幾何学図文の連続によって表現されるイスラム芸術の一つで、モスクの壁面などで多用されている。カリグラフィーはイスラムの芸術的な書法で、アラビア語やペルシャ語の「書道」のようなものだ。紙にも書かれるが、モスクの壁面や天井の装飾にも使われている。

グラナダ王国で花開いたイスラム文化

グラナダは、イベリア半島最後のイスラム勢力、ナスル朝の首都として栄華を極めた都市である。七一一年にイベリア半島へ侵攻したイスラム勢力は、キリスト教徒によるレコンキスタ(国土回復運動)から逃れるように、一二三八年にグラナダにナスル朝グラナダ王国を建国した。

その後、グラナダは二五〇年にわたり高度なイスラム文化の町として栄えたが、キリスト教徒の侵攻で一四九二年に滅亡する。

現在のグラナダには、ナスル朝時代のイスラム建築や、王国滅亡後にキリスト教文化と混ざり合った貴重な建造物が残っている。

なかでも、十三世紀に建てられたアルハンブラ宮殿は、イスラム建築の最高傑作と称されている。宮殿内には、住宅やモスク、学校などの施設があり、天井や柱には緻密(ちみつ)で繊細な装飾が施されている。

グラナダ最古の町アルバイシン地区は、イスラム教徒の居住区として建設された。迷路のような石畳の路地には白壁の家々が建ち並び、当時の面影を残している。

ACCESS

マドリードからグラナダ空港まで約1時間。町中までバスで約10分。または、マドリードから長距離バスで約5時間。

【上】王の夏の離宮、ヘネラリーフェのアセキアの中庭は、イスラム教徒の天国が表現されている。【下】アルバイシン地区の町並み。【左】アルハンブラ宮殿のライオンの中庭。中央の噴水は、当時は水時計の役割を果たしていた。

04.

Potala Palace, Lhasa

標高三六五〇メートルにそびえ立つ世界最大級の宮殿

ラサのポタラ宮

チベット自治区の区都ラサに建つポタラ宮は、一九五九年まで最高指導者ダライ・ラマが住んでいた宮殿。二〇〇〇年にジョカン、二〇〇一年にノルブリンカが世界遺産に追加されている。

【DATA】

- 国名…中国
- 登録名称…ラサのポタラ宮歴史地区
- 遺産区分…文化遺産
- 登録年…1994／2000／2001年
- 登録基準…(ⅰ)(ⅳ)(ⅵ)
- 17世紀に基本部分が建設され、増築が繰り返されている

夕日に染まるポタラ宮。宮殿内には数多くの貴重な壁画や彫刻などが保存されている。

ダライ・ラマが暮らした聖地

チベット文化の中心ラサは、標高三六五〇メートルの高地に位置する。町の中心にあるマルポリ（赤い丘）の斜面に、白と茶色のコントラストがくっきりと映えるポタラ宮が天空に向かってそびえ立つ。

ポタラ宮は、十七世紀にダライ・ラマ五世によって基本部分が建てられ、一九五九年三月にダライ・ラマ一四世がインドのダラムサラにチベット亡命政府を樹立するまでの三〇〇年間、歴代ダライ・ラマの住居であり、チベット政府の中枢だった。

この間、増築が繰り返され、現在は東西三六〇メートル、南北三〇〇メートル、高さ一

【上】2000年に世界遺産に追加登録されたジョカン（大昭）寺の屋根。【下】13階建ての宮殿は、ダライ・ラマが居住した下層の白宮と、歴代ダライ・ラマの霊塔などが安置される上層の紅宮から成る。

COLUMN

マニ車

ラサの寺院などでよく見かける円筒形の物体は、「マニ車」と呼ばれるチベット仏教特有のもの。円筒の中には巻かれた経文が納められていて、マニ車を回転させるとその数だけ経を唱えたことになるという。

一五メートルの威容を誇る。

ポタラ宮前の歩道では、多くのチベット人が五体投地の祈りをささげている。ポタラ宮は朝九時に開門し、それと同時に、門の前で待つ多くのチベット人が一斉に二〇〇の石段を上り始める。

宮殿内には、ダライ・ラマ一三世以前の霊塔や一〇〇〇を超える部屋がある。部屋から部屋へは、細い階段を上ったり下りたりの繰り返し。彼らは、部屋に入るたびに五体投地による祈りを始める。

ACCESS

中国国内の各都市から空路で最寄りのラサ・クンガ空港へ。空港から市内までバスで約1時間半〜2時間。

05.

Changdeokgung
Palace Complex

昌徳宮

大都市ソウルに残る静寂な空間
自然と調和した李氏朝鮮王朝の離宮

ソウルにある李氏朝鮮王朝の離宮、昌徳宮は、一九九七年に世界遺産に登録された。敷地内には、国の重要行事を行なう仁政殿（インジョンジョン）など一三棟の木造建築と、韓国屈指の名園「秘苑（ビウォン）」が現存する。

李朝最後の王が過ごした離宮

昌徳宮（チャンドックン）は、一四〇五年、正宮の景福宮（キョンボックン）に対する離宮として、李氏朝鮮第三代国王の太宗（テジョン）により建設された。その後、十六世紀末の文禄の役（豊臣秀吉の朝鮮出兵）の際に景福宮ともども焼失するが、一六一〇年に再建され、その後、およそ二七〇年にわたって一三代の王朝による政務が行なわれ、景福宮が再建されるまでその代役を果たした。

昌徳宮の入り口には、鮮やかな赤と緑に彩られた正門、敦化門（トンファムン）がそびえる。敦化門は韓国最古の門で、創建当時と同じ姿は昌徳宮のシンボルになっている。

ACCESS

ソウル駅から地下鉄で最寄りの鐘路3街（チョンノ3ガ）駅まで15分。下車後、徒歩約15分。

【DATA】

- 国名…韓国
- 登録名称…昌徳宮
- 遺産区分…文化遺産
- 登録年…1997年
- 登録基準…（ⅱ）（ⅲ）（ⅳ）
- 1405年に建設され、1592年に焼失するが、1610年に再建された

【上】瓦ぶき、2階建ての楼閣である仁政殿（インジョンジョン）。【右】秘苑（ビウォン）の瓦ぶきの入り口。庭園の敷地は4万㎡に及び、池に張り出した芙蓉（ふよう）亭や王族の休息場所であった英花堂などがある。

3つある小天守のなかで最も大きい乾小天守（左）と大天守（右）。

06.

Himeji-jo

白壁の優美さが印象的な近世城郭を代表する名城

姫路城

姫路城は、兵庫県姫路市の北側にある姫山と鷺山にまたがって築かれている。近世日本の代表的な城郭の一つで、江戸時代初期に建てられた天守群などが現存し、一九九三年、法隆寺と共に日本初の世界遺産に登録された。

【DATA】

- 国名…日本
- 登録名称…姫路城
- 遺産区分…文化遺産
- 登録年…1993年
- 登録基準…（ｉ）（iv）
- 1333年〜1618年にかけて建設された

豪壮と気品を兼ね備えた堅城

姫路城は、南北朝時代の一三三三年に播磨の守護職・赤松則村が櫓（やぐら）として築いたことが始まりとされる。

一五八〇年には羽柴秀吉が入城し、三層の天守閣を造り上げた。その当時のものとして、石垣に使う石集めに苦労していた秀吉に焼もち売りの老婆が寄進した石臼「姥が石（うばがいし）」が残る。

一六一〇年には池田輝政の手により、現在の五層七階の天守閣、三つの小天守を渡櫓（わたりやぐら）で連結する連結式天守閣などが造られた。

一六一八年には本多忠政により、嫡子忠刻とその正室の千姫のために西の丸が整備され、現在の姫路城が完成した。

千姫に仕えた女中などが居住していた西の丸の櫓（やぐら）内部。

ACCESS

東京から新幹線で約3時間半、JR姫路駅より徒歩約15分。

旅のコラム _02

タージ・マハルと愛の物語

膨大な時間と
財力を注ぎ込み、
皇帝が愛する
王妃のために建てた
「世界一美しいお墓」
の物語。

DATA

- 国名…インド
- 登録名称…タージ・マハル
- 遺産区分…文化遺産
- 登録年…1983年
- 登録基準…（ⅰ）
- 1632年に着工し、1654年に完成

ACCESS

ニューデリーから電車で約2時間、バスで約5時間。

TAJ MAHAL

タージ・マハル

アーグラの街中から北東、ヤムナー川の河畔に建つ白亜の霊廟（れいびょう）。塀で囲まれた広大な敷地に、赤砂岩の南門、四分庭園、モスク、迎賓館があり、中央に霊廟がそびえ立っている。

【右】タージ・マハルの周辺にはのどかな景観が広がる。【左／上】霊廟の東側に建つモスク。赤砂岩の赤い色が美しい。【左／下】霊廟の入り口に施された模様はコーランを図案化したもので、宝石などが埋め込まれている。

タージ・マハルは、当時インド大陸を支配していたムガル帝国の第五代皇帝シャー・ジャハーンが、若くして世を去った最愛の王妃ムムターズ・マハルを悼んで建てた白亜の霊廟（れいびょう）だ。

皇帝は王妃との間に一四人の子どもをもうけ、戦場にも連れていくほどでき愛していたという。二二年の歳月をかけて完成したタージ・マハルには、絶頂期にあった帝国の財力が惜しげもなく注ぎ込まれた。世界中から集められた膨大な大理石や宝石、二万人ともいわれる職人が巧緻（こうち）な彫刻や装飾を施して造りあげたインド・イスラム建築の最高傑作は、「世界一美しい墓」とも称される。

皇帝は、ヤムナー川の対岸に自らの霊廟を黒大理石で造り、タージ・マハルと橋でつなぐ計画に着手していたが、晩年は息子である王子に幽閉されてかなわぬ夢となってしまった。しかし、その死後になってタージ・マハルに葬ることが許され、今は最愛の王妃の棺の隣で静かに眠っている。

【右ページ】タージ・マハルの霊廟。高さは74.2mに達し、前には長さ約300mの池が配置されている。

03. カッパドキア
【トルコ】

02. アルベロベッロのトゥルッリ
【イタリア】

01. ガウディの作品群
【スペイン】

ユニークな形の世界遺産

04. ジェンネ旧市街
【マリ】

05. ラパ・ヌイ国立公園
【チリ】

天才芸術家が設計した
生きているかのような建築物、
気の遠くなるような時間をかけて
自然が造り出した奇観、
古代の人類が生み出した
謎に満ちたユーモラスな像……。
一度見ると
目が離せなくなる。
そんなユニークな形をした
世界遺産を紹介しよう。

チリのラパ・ヌイ国立公園にずらりと並ぶアフ・トンガリキのモアイ像。

※登録基準の内容については8ページをご覧ください

01.

Works of Gaudí

ガウディの作品群

生命を宿した躍動感あふれる建造物
天才建築家が遺した自然へのオマージュ

スペインを代表する天才建築家アントニ・ガウディ(一八五二～一九二六)は、古今東西の折衷様式を唱えたモデルニスモ期に活躍し、多くの傑作建築を残した。世界遺産には、サグラダ・ファミリアの一部をはじめ、七件が登録されている。

【DATA】

- 国名…スペイン
- 登録名称…アントニ・ガウディの作品群
- 遺産区分…文化遺産
- 登録年…1984／2005年
- 登録基準…(ⅰ)(ⅱ)(ⅳ)
- 1883年～。サグラダ・ファミリアは現在も建設中

サグラダ・ファミリア東側の「生誕のファサード」。ガウディの死後、日本人の外尾悦郎氏が彫刻を手がけている。

波をモチーフとしたグエル公園の遊歩道の回廊。ごつごつとした石を積み上げているが、全体的に見ると、直線がなく柔らかい印象を受ける。

COLUMN

サグラダ・ファミリアは違法建築⁉

着工からすでに128年がたち、世界中から観光客が訪れるサグラダ・ファミリア。よりにもよって、2006年に、その真下にスペイン・フランス間を結ぶ高速鉄道AVEの建設が計画された。

教会側はスペイン政府に対して、工事や電車の振動による倒壊などを懸念して路線変更を求めたものの、その際に、1885年以降の設計変更について、教会がバルセロナ市の許可を得ずに建設を続けていたことが明らかになった。

つまり、市は120年以上にわたって、無許可での建設を黙認してきたということになり、サグラダ・ファミリアは「世界で最も有名な違法建築」という、ガウディにとっては不本意であろう名称を得ることになった。

建築物に命を吹き込んだ孤高の天才ガウディ

自然のなかに最高の形があると信じていたガウディの作品には、曲線や動植物をモチーフにした装飾が多用され、作品自体が生きているかのような錯覚を起こさせる。

世界遺産には、グエル公園、グエル邸、カサ・ミラ、サグラダ・ファミリアの一部（生誕のファサードと地下聖堂）、カサ・ビセンス、カサ・バトリョ、コロニア・グエル教会地下聖堂の計七件が登録されている。

ガウディが注目されたのは二十六歳の時。パリの博覧会に出品した際に、生涯のパトロンとなる大富豪エウゼビ・グエルと出会ったことによる。彼の依頼によって、自然との調和を図った未来型の分譲住宅地グエル公園とグエル邸を設計・建築したが、当時はその奇抜な発想が受け入れられず、ほとんどが売れ残ったというエピソードが伝えられる。

ガウディの作品のなかで最も有名なサグラダ・ファミリアは、没後一〇〇周年の二〇二六年を完成目標としているが、詳細な設計図が残っていないため、わずかな資料を基にして、各時代の建築家がガウディの構想を推し量りつつ建設が続けられている。

ACCESS

バルセロナ国際空港から市内まで、空港バスで約30分。または、電車で約15分。

【上】1907年に建てられたカサ・ミラ。実業家ペレ・ミラの邸宅として建設された。【下】グエル公園のシンボルとなっているとかげの噴水。【左】サグラダ・ファミリア西側の「受難のファサード」は、現代彫刻でイエスの受難が表現されている。

トゥルッリが建ち並ぶアルベロベッロの町並み。

02.

The Trulli of Alberobello

南イタリアの気候が生みだした
とんがり屋根のユニークな家

アルベロベッロのトゥルッリ

南イタリアのプーリア州に位置する、人口約一万人の小さな町アルベロベッロ。トゥルッリと呼ばれる円すい形のとんがり屋根と白壁の家々が建ち並んでおり、一九九六年に世界遺産に登録された。

【DATA】

- 国名…イタリア
- 登録名称…アルベロベッロのトゥルッリ
- 遺産区分…文化遺産
- 登録年…1996年
- 登録基準…(iii)(iv)(v)
- 16世紀半ば～20世紀半ばにかけて建設された

農民の試行錯誤のたまもの

アルベロベッロに一歩足を踏み入れると、おとぎの国を思わせるかわいらしい町並みが広がる。メルヘンチックでありながら実用性を伴った建物は、住民たちの試行錯誤から生まれたたまものである。

十六世紀、領主によって土地開拓のために集められた貧しい農民たちは、足元を掘るとすぐに手に入る石灰岩を建材に使用する、独自の建築様式を発展させた。

彼らは南イタリアの厳しい自然環境に応じて、トゥルッリの随所に工夫を施した。一日の寒暖の差が激しいため、壁を分厚く窓を小さくすることによって、外気を遮断し室内の気温を一定に保つほか、

【上】高台に位置するサン・アントニオ教会。トゥルッリで唯一の教会で、1926年に建設された。【下】土産物屋などの商業施設が軒を連ねるモンティ地区の町並み。

COLUMN

屋根の印と飾り石

トゥルッリの屋根に描かれた印は、原始紋章、十字紋章、呪術(じゅじゅつ)紋章に大別され、住人の願いが託されている。また、最頂部の飾り石は「ピンナコロ」と呼ばれ、職人が自分の造ったトゥルッリを見分けるためのものだ。

降水量が少ないため、屋根のこう配を急にして雨水を効率よく貯水できるようにした。

なお、平らな石を積み上げただけの簡素な造りは、この地を支配していたナポリ王から税の徴収のために派遣されたアクアヴィーバ伯爵が考えついた、税をごまかすための工夫だった。戸数を基に税の上納額が決められていたので、国の役人が来た際にはすぐに壊して「家ではない」と主張できるよう、モルタルなどを一切使用させなかったという。

ACCESS

バーリ中央駅から私鉄スッド・エスト線に乗り、最寄りのマルティーナ・フランカ駅まで約1時間半。

03.

Cappadocia

奇岩地帯にひっそりと築かれた
色鮮やかな岩窟教会群と巨大な地下都市

カッパドキア

アナトリア高原の中央部に約一〇〇平方キロにわたって広がる奇岩地帯にあるカッパドキアには、キリスト教徒たちが築いた岩窟(がんくつ)教会や地下都市が残されている。世界遺産には一九八五年に登録された。

【DATA】

- 国名…トルコ
- 登録名称…ギョレメ国立公園とカッパドキアの岩窟群
- 遺産区分…複合遺産
- 登録年…1985年
- 登録基準…(ⅰ)(ⅲ)(ⅴ)(ⅶ)
- 火山の噴火と風雨の浸食が造り出した奇岩地帯に、3世紀半ば〜12世紀にかけて教会や住居が建設された

きのこのような形の奇岩が連なるカッパドキアの景観。

巨岩を利用した人間の知恵

カッパドキアには、およそ六〇〇〇万年前に起こった火山の噴火によって、軟らかい地層と硬い地層が交互に重なった台地が形成されていた。その後、長い年月を経て風雨に浸食されて硬い地層のみが残り、きのこや煙突のような形をした奇岩が林立する不思議な景観が生まれたのである。

カッパドキアは外敵から身を守るには絶好の場所であったため、新石器時代から人が住み始めた。紀元前二〇〇〇年前後のヒッタイトの時代にはすでに交易の要衝として栄えており、四世紀以降は、ローマ帝国やイスラム勢力の迫害から逃れたキリスト教徒がこの地に集まりだした。

【上】岩窟教会トカル・キリセのフレスコ画。【下／左】顔のように見える岩窟家屋。【下／右】岩山を利用した城塞都市ウチヒサルの城。貴重な燃料だったハトのふんを集めるために造られたため、「ハトの谷」とも呼ばれる。

COLUMN

洞窟ホテル

カッパドキアには、岩をくり抜いて造られた伝統的な家屋を利用した「洞窟ホテル」が数多くある。部屋は、年間を通して一定の温度に保たれていて非常に快適。訪れた際にはぜひ利用したい。

彼らは、岩を削り教会や地下都市を築いた。現在、公開されている地下都市のなかで最大級のものがデリンクユだ。数万人が暮らしていたという地下八階の広大な地下空間には、アリの巣のように通路が巡らされ、住居や修道院、教会のほか、ワインセラーや墓地まで備えられている。

紅色の岩肌が美しい峡谷ローズバレーでは、夕日に染まるカッパドキアを眺めながら、大自然と人類がつくり上げた絶景を心ゆくまで満喫できる。

ACCESS

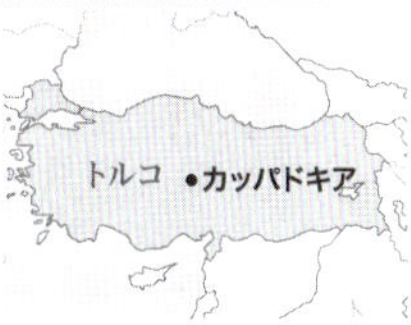

トルコ国内の都市を経由して、最寄りのカイセリ空港へ。空港からカッパドキアまで、バスで約2時間。

04.

Old Towns of Djenné

大河が運ぶ恵みを利用した泥の建築物群

ジェンネ旧市街

マリ共和国モプティ地方の都市ジェンネは、ニジェール川の中州地帯にある。サハラ砂漠を横断する金の中継地として繁栄した交易都市で、泥で造られた大モスクや家が建ち並ぶ旧市街は、一九八八年に世界遺産に登録された。

泥と共に生きる人々

ジェンネ(アラビア語で天国の意)は、九世紀末にボゾ人によって造られた町である。十三世紀末からはサハラ交易の要衝として栄え、現在も毎週月曜日に市場が開かれ、多くの人々が集まる。

旧市街には、ニジェール川が運ぶ泥を使った伝統的な建造物群が建ち並ぶ。住民たちは、泥から日干しれんがを作り、れんがを積み重ねた上に、さらに泥を塗って壁を作った。

町を象徴する巨大な泥塗りのモスクは、一二八〇年ごろ、イスラム教に改宗したコワ・コアンボロ王が宮殿を壊した跡地に建てたもの。現在の建物は一九〇七年に再建されたもので、毎年、住民が分担して表面の泥を塗り直している。

ACCESS

バマコからモプティまで飛行機に乗り、モプティからタクシーで約3時間。

【DATA】

- 国名…マリ
- 登録名称…ジェンネ旧市街
- 遺産区分…文化遺産
- 登録年…1988年
- 登録基準…(iii)(iv)
- 9世紀末～1907年にかけて建設された

【上】屋根が100本の柱で支えられている大モスク。奥行き75m、高さ20mで1000人を収容できる。【右】毎週月曜日に開かれるジェンネの市場。

05.

Rapa Nui National Park

太平洋に浮かぶ絶海の孤島に残された数百体に及ぶ謎のモアイ像

ラパ・ヌイ国立公園

イースター島の巨石像モアイで有名なラパ・ヌイは、南米大陸の西方三七〇〇キロの太平洋上に浮かぶチリの国立公園で、一九九五年に世界遺産に登録された。

モアイ像の材料となる凝灰岩の採掘場であったラノ・ララクのモアイ像。

点在する巨大な石像

先住民族の言葉で「大きな島」、「広い土地」などを意味するラパ・ヌイ島は、一七二二年にオランダの提督ヤコブ・ロッゲフェーンによって発見された。その日が復活祭の夜だったことから「イースター島」と呼ばれるようになる。

ラパ・ヌイを象徴する巨石像モアイは、七世紀からおよそ一〇〇〇年にわたって造り続けられた。その多くは、高さ三・五メートル、重さ二〇トン程度だが、最も大きいものは高さ二〇メートル、重さ九〇トンにも達する。

これらのモアイ像は半数以上が倒壊しており、最後に倒されたのは一八四〇年と伝えられるが、この倒壊は部族間の争いが原因とされている。

【DATA】

- 国名…チリ
- 登録名称…ラパ・ヌイ国立公園
- 遺産区分…文化遺産
- 登録年…1995年
- 登録基準…（ⅰ）（ⅲ）（ⅴ）
- 7世紀から17世紀にかけて建設された

頭の上にプカオと呼ばれる飾りを載せたモアイ像。

ACCESS

首都サンティアゴから飛行機で約5時間。

旅のコラム_03

世界遺産の広場へ行こう！

時には
重要行事の場となり、
時には人々がのんびりと
集う場所になる、
世界遺産になった広場へ
行ってみよう！

DATA

- 国名…ロシア
- 登録名称…モスクワのクレムリンと赤の広場
- 遺産区分…文化遺産
- 登録年…1990年
- 登録基準…(i)(ii)(iv)(vi)
- 1493年に広場として整備された

ACCESS

地下鉄アレクサンドロフスキー・サート駅から徒歩約5分。

RED SQUARE

赤の広場

赤の広場は、モスクワの中心部にある。長さ695m、幅130mの敷地内には、城壁や宮殿などがあり、旧ソ連時代にはメーデー行進や革命記念日の軍事パレードなどが行なわれた。

多くの人々でにぎわう赤の広場。中央の赤い建物は国立歴史博物館、右側にはグム百貨店が見える。

赤の広場（クラスナヤ広場）と名付けられたのは、広場が整備された十七世紀後半のこと。「クラスナヤ」とは、ロシア語で「赤い」を意味することに起因するが、古代スラブ語では「美しい」という意味もあり、「美しい広場」という名前が本来の意に近い。

その起源は、一四九三年にモスクワ大公国の統治者イヴァン三世が、自らの居城であるクレムリンの前の市街地を、広場として整理させたことによる。以後、モスクワ大公国やロシア帝国の重要な国家行事が行なわれるようになった。

広場にはスターリンなどが眠るクレムリンの城壁とその内部にある大統領官邸、レーニンの遺体が保存されているレーニン廟（びょう）、グム百貨店、国立歴史博物館、聖ワシリイ大聖堂など、重要な建築物が並ぶ。

ソ連時代には、レーニン廟と共に社会主義体制の聖地とされたが、政治体制が変わった現在は、観光名所として世界中から多くの人々が訪れている。

【右ページ】鮮やかな彩色が施された聖ワシリイ大聖堂。ロシアの聖堂で最も美しい建物の一つといわれている。

旅のコラム03
世界遺産の広場へ行こう！

LA GRAND-PLACE

グラン-プラス

グラン-プラスは、ベルギーのブリュッセルの中心地にある大広場で、「世界で最も美しい広場」の一つといわれている。特に、市庁舎は、中世におけるグラン-プラスの建築様式を今に伝える。

DATA

- 国名…ベルギー
- 登録名称…ブリュッセルのグラン-プラス
- 遺産区分…文化遺産
- 登録年…1998年
- 登録基準…(ii)(iv)
- 12世紀～19世紀にかけて建設された

ACCESS

ブリュッセル中央駅から徒歩約5分。

ライトアップされた夜のグラン-プラス。左側に市庁舎、中央奥にギルドハウス、右側に王の家が見える。

ブリュッセルは、十五～十六世紀にかけてヨーロッパの交易の中継地として大きく発展した。

商人たちは、同業者の協同組合(ギルド)をつくり、豪華な建物やギルドハウスを競って建てた。その中心が、大広場グラン-プラスだ。グラン-プラスは長辺一一〇メートル、短辺六九メートルの長方形で、広場一面に石畳が敷き詰められている。

巨万の富が造らせた夢のような広場の周囲には、豪華な建物が建ち並ぶ。なかでも、南面の市庁舎は見事。「炎が燃え上がる」という意味のフランボワイヤン式ゴシック建築で、一四五五年に完成した。高さ九六メートルの鐘楼があり、頂上にブリュッセルの守護天使ミシェルの像が飾られている。

北面の「王の家」は、一五三六年に建てられ、ブラバント州の政庁として使われていた。現在は市立美術館になっている。

十九世紀のフランスの文豪ヴィクトル・ユゴーが「世界一美しい広場」とたたえた広場では、今でも毎日、花市が開かれている。

MEIDAN EMAM

イマーム広場

イマーム広場は、テヘランの南約340kmに位置するイラン第3の都市イスファハンにある広場。南北512m、東西159mの広大な敷地には、美しいモスクをはじめとして、華麗なイスラム建築が建ち並ぶ。

DATA

- 国名…イラン
- 登録名称…イスファハンのイマーム広場
- 遺産区分…文化遺産
- 登録年…1979年
- 登録基準…（ i ）（ v ）（vi）
- 16世紀末から建設が始まり、1617年ごろに完成した

ACCESS

イスファハン空港から、タクシーで約25分。

【左】広場を囲む上下2層のアーケードと水路。【右】イスラム建築の傑作と称されるイマーム・モスクの入り口。

イスファハンは、一五九七年（または一五九八年）、イランを中心に栄えたイスラム王国サファヴィー朝（一五〇一〜一七三六）の首都となった。この国の宗教は、一二イマーム派と呼ばれるシーア派の一派で、イマーム広場の「イマーム」とは、イスラム教の「指導者」を指す言葉である。

当初、サファヴィー朝の首都はダブリーズだったが、アッバース一世がイスファハンに遷都する際に、旧市街の西南郊外に王宮と庭園を有する新都市を建設した。この新市街と旧市街の中間に、広場を囲んでモスクなどが並ぶ公共の場が設けられた。当時は「シャー（王）の広場」と呼ばれていたが、これが現在のイマーム広場となった。

広場の周囲は二層のアーケードで囲まれており、四辺にはイマーム・モスクなどのモニュメント的な建物が配されている。

青を基調にしたアラベスク模様のタイルで覆われた美しいモスクや宮殿が広場を囲む壮麗な光景は、かつて「世界の半分がここにある」と称されたことが首肯できる。

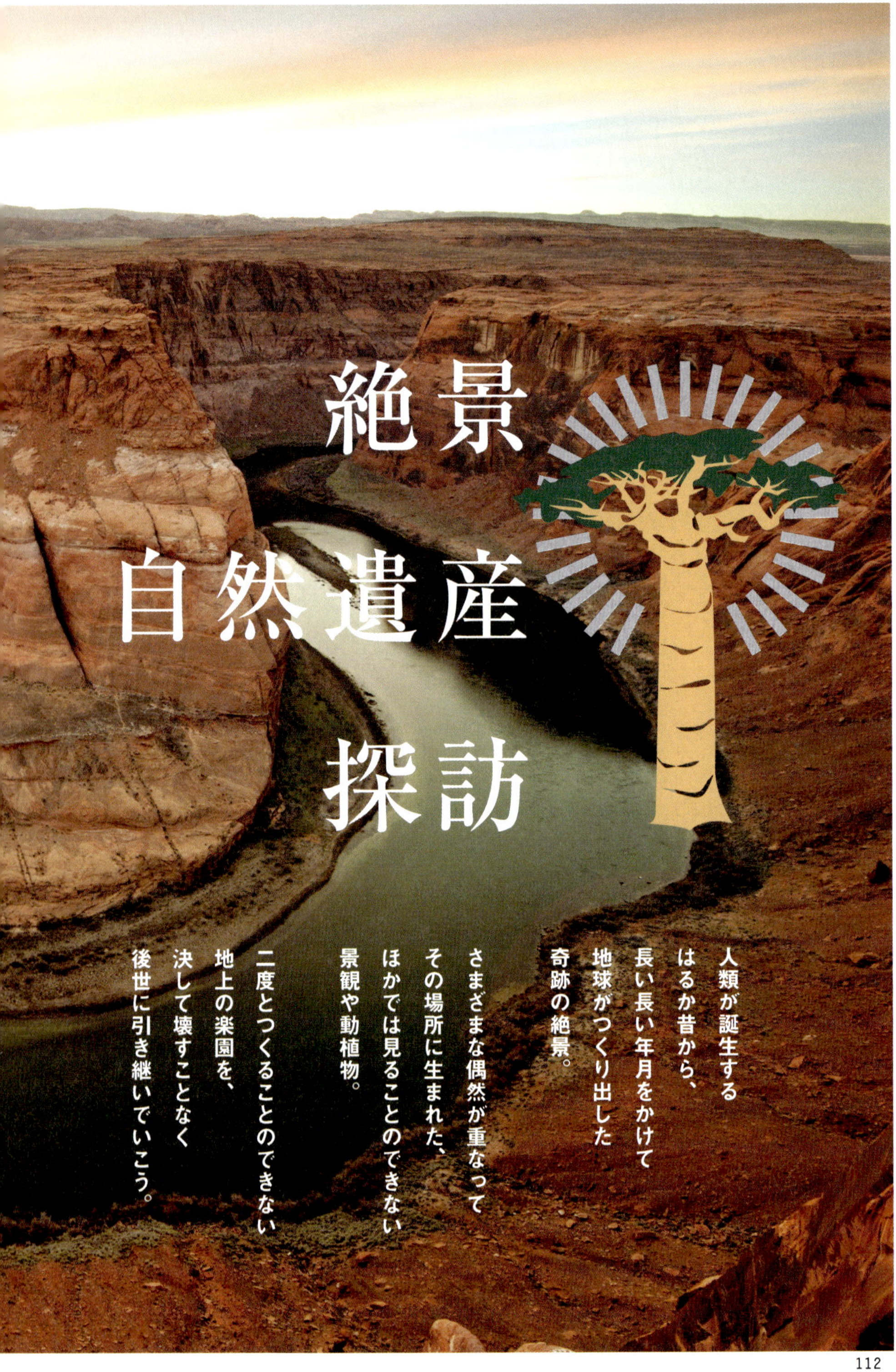

絶景 自然遺産 探訪

人類が誕生する
はるか昔から、
長い長い年月をかけて
地球がつくり出した
奇跡の絶景。

さまざまな偶然が重なって
その場所に生まれた、
ほかでは見ることのできない
景観や動植物。

二度とつくることのできない
地上の楽園を、
決して壊すことなく
後世に引き継いでいこう。

グランド・キャニオンの名所の一つ「ホースシュー・ベンド」。コロラド川が蹄鉄（ていてつ・horseshoe）の形に蛇行していることからその名がついた。

※登録基準の内容については8ページをご覧ください

数ある九寨溝の湖沼のなかでも最も美しいといわれる「五花海」。澄んだ青の湖水と湖底の倒木が幻想的な雰囲気を醸し出す。

01.

Jiuzhaigou

千変万化する神秘の湖沼地帯
チベット族の美しき秘境

九寨溝

九寨溝(きゅうさいこう)は、四川省北部のアバ・チベット族チャン族自治州九寨溝県にある自然保護区で、大小一〇〇以上の美しい湖沼が点在する。ジャイアントパンダの生息地としても知られていて、一九九二年に世界遺産に登録された。

【DATA】

- 国名…中国
- 登録名称…九寨溝の渓谷の景観と歴史地域
- 遺産区分…自然遺産
- 登録年…1992年
- 登録基準…(vii)
- 2億5千万年前から数千万年をかけて形成された

石灰がつくる天然のアート

岷山(びんざん)山脈の標高二〇〇〇メートルから三四〇〇メートルにかけて大小一〇〇以上の湖沼が点在する九寨溝(きゅうさいこう)は、樹正溝(じゅせいこう)、東の日則溝(じっそくこう)、西の則査窪溝(そくさわこう)から成る。

もともとこの地は、九つの村(寨)がある渓谷(溝)として、チベット族が暮らしていたことから、その名がつけられた。そのため、周辺には、現在もチベット人の集落や宗教施設が点在している。

棚田状に連なる湖沼の水は非常に透明度が高く、山脈から流れ込んだ石灰岩の成分(炭酸カルシウム)が底に沈殿し、日中には青、夕方にはオ

【上】秋になると水面に紅葉が映り込んで、虎の模様になるという「虎池」。【下】鏡のように澄んだ湖面に木々が映って美しい景観を生み出している。

COLUMN

九寨溝のベストシーズン

観光に適した季節は、4月中旬から11月初めにかけてだが、基本的には1年中楽しめる。特に、太陽光が湖底まで届いて水が不思議な色を発する夏、鮮やかな紅葉が強烈なコントラストを描き出す秋がお薦めだ。

ACCESS

中国国内の各都市を経由し、九寨黄龍空港からシャトルバスで約2時間。または、成都から長距離バスで約10時間。

レンジといったように変化しながら、神秘的な色を放つ。水底に沈んだ倒木にも石灰分が付着してその姿をとどめ、水中に森があるかのようだ。

　このあまりに美しい景観から、チベット族の間には次のような伝説が伝わっている。

　昔、この山に住んでいた美しい妖精に悪魔がつきまとったため、山の女神が鏡によって悪魔を封じようとした。しかし、争っている最中に鏡が砕け、その破片が一〇八に分かれて九寨溝になった。

02.

Yakushima

屋久島

樹齢一〇〇〇年を超える屋久杉が自生する
日本を凝縮したような豊かな植物相

九州の南端・鹿児島県佐多岬の南約六〇キロに位置する屋久島には、樹齢一〇〇〇年を超える天然杉「屋久杉」をはじめとして、多様な動植物が生息する。一九九三年には島の面積の二〇パーセント強が世界遺産に登録された。

【DATA】

- 国名…日本
- 登録名称…屋久島
- 遺産区分…自然遺産
- 登録年…1993年
- 登録基準…(vii)(ix)
- 1500万年前に島の原形がつくられた

 こけむした屋久杉の倒木が折り重なって、神秘的な景観を生み出している。

屋久杉は昔から地元の生活に密着した材料として利用され、船材や建築材など、さまざまな形で製品化された。

COLUMN

屋久島の楽しみ方

屋久島では豊かな自然に親しむため、登山やトレッキングのほか、カヌー、スキューバダイビングなど、さまざまなアクティビティーが楽しめる。

特に人気があるのが、縄文杉を目指す日帰り往復ルートのトレッキングコース。片道11kmの道のりで、途中には三代杉や大王杉、ウィルソン株など、見どころも数多い。

島の北西に位置する屋久島で最大の砂浜・永田いなか浜は、アカウミガメの上陸・産卵数日本一を誇る。年間約1000匹のアカウミガメが産卵のためにやってくる光景は、とても感動的だ。2005年にはラムサール条約に登録されている。

杉の原始林が見守る「洋上のアルプス」

約五〇〇平方キロの屋久島は、「洋上のアルプス」と呼ばれる通り、島の中央部に日本百名山の一つで九州最高峰の宮之浦岳(一九三六メートル)がそそり立ち、数多くの一〇〇〇メートル級の山々が屹立(きつりつ)する。そのため、亜熱帯から亜寒帯に及ぶ多様な植物相を見ることができる。

また、海からの湿った風がこれらの山にぶつかり、屋久島には「一月に三五日雨が降る」といわれるほど大量の雨が降る。この雨の恵みで、植物が育ちにくい花こう岩の島でありながら、コケに覆われた豊かな森が広がっている。

島で特に存在感を放っているのが、樹齢数千年の「屋久杉」だ。島では樹齢一〇〇〇年に満たない杉を「小杉」、それ以上のものを「屋久杉」と呼ぶ。土壌がやせた屋久島では杉は少しずつしか成長しないため、年輪が密になって硬く締まった幹となり、長寿の性質になったと考えられている。

なかでも最大級の屋久杉が、高さ三〇メートルを誇る「縄文杉」だ。樹齢三〇〇〇年以上(二五〇〇年説もあり)と推定され、屋久島を代表する古木として親しまれている。

ACCESS

鹿児島からフェリーで約2時間半～4時間。または、鹿児島空港から飛行機で約30分。

【上】豊かで多様な自然が息づく屋久島の景色。【下】こけむした岩や倒木の間を澄んだ谷川が流れる。島内にはいくつもの滝があり、見どころの一つとなっている。【左】屋久島でよく見られるシダ植物「ヤマイヌワラビ」。島には絶滅危惧(きぐ)種の植物も数多く自生している。

03.

Uluru
(Ayers Rock)

平坦な砂漠にそびえる赤い巨石
太古よりアボリジニが守り続けてきた聖地

ウルル（エアーズ・ロック）

オーストラリア大陸の中央に広がる砂漠にある巨大な一枚岩ウルルは、「エアーズ・ロック」として知られる。一九八七年に自然遺産、一九九四年には、先住民族アボリジニの聖地としてあがめられてきた経緯から複合遺産として拡大登録された。

世界で二番目に大きい一枚岩

ウルルとはアボリジニによる呼称で、一九八〇年代から正式名称として使われ始めた。

高さは約三四八メートル、周囲は約九・四キロもあり、独特の赤茶けた岩肌が美しい。

かつて、この地域には大山脈があったと考えられている。それが、約五億年前から川の流れや風雨の浸食を受けて徐徐に削られた結果、現在の姿になったと推測されている。

ウルルから約五〇キロ離れた場所にあるカタ・ジュタ（別名オルガ山）も、同様の過程を経て形成された。アボリジニの言葉で「たくさんの頭」を意味する通り、ドーム状の岩塊が三六も連なって奇景を生み出している。

ACCESS

シドニーなどから飛行機に乗り、最寄りのコネラン空港まで約3時間。空港から車で約10分。

【DATA】

- 国名…オーストラリア
- 登録名称…ウルル-カタ・ジュタ国立公園
- 遺産区分…複合遺産
- 登録年…1987／1994年
- 登録基準…(ⅴ)(ⅵ)(ⅶ)(ⅷ)
- 約5億年前に始まった浸食による

【上】ウルルの裂け目には、太古から精霊が宿るという言い伝えがある。【右】見る場所によってさまざまな奇景が楽しめるカタ・ジュタ。

イシサンゴとカラフルな熱帯魚。

04.

Great Barrier Reef

約三〇〇〇のサンゴ礁と九〇〇の島から成る
海洋生物たちの楽園

グレート・バリア・リーフ

グレート・バリア・リーフは、オーストラリア北東の沿岸に展開する約三〇〇〇のサンゴ礁と九〇〇の島々から成る世界最大のサンゴ礁だ。多種多様な海洋生物の宝庫であり、一九八一年に世界遺産に登録された。

【DATA】

- 国名…オーストラリア
- 登録名称…グレート・バリア・リーフ
- 遺産区分…自然遺産
- 登録年…1981年
- 登録基準…(vii)(viii)(ix)(x)
- 2400万年前ごろから形成された

世界最大のサンゴ礁

クイーンズランド州沿岸に位置するグレート・バリア・リーフは、総延長二〇〇〇キロ以上にわたって、透き通ったコーラルブルーの海が果てしなく広がる。

絶滅危惧(きぐ)種のジュゴンの生息地、ミドリウミガメやアカウミガメの産卵場所、ザトウクジラの子育ての場であるとともに、四〇〇種以上のサンゴと一五〇〇種以上の魚が生息し、藻やプランクトンも豊富なことから、海洋生物たちの楽園となっている。

だが、近年の地球温暖化の影響によるサンゴの白化現象や、近隣のサトウキビ畑からの農業廃水の流入などによる、生態系への影響が懸念されている。

年間約3万人の観光客が訪れ、「緑の宝石」と呼ばれるグリーン島。

ACCESS

ケアンズ、またはブリスベンから飛行機やフェリーで各島へ。約30分～2時間。

デザート・ビュー・ポイントの展望台から眺めた夕暮れのグランド・キャニオン。

05.

Grand Canyon

グランド・キャニオン

二〇億年の歴史が刻まれた雄大な景観の渓谷

アリゾナ州北西部に位置するグランド・キャニオン国立公園は、一九七九年に世界遺産に登録された。グランド・キャニオンは公園内を流れるコロラド川沿いの峡谷で、先カンブリア時代からペルム紀までの地層を間近に見ることができる。

【DATA】

- 国名…アメリカ
- 登録名称…グランド・キャニオン国立公園
- 遺産区分…自然遺産
- 登録年…1979年
- 登録基準…(vii)(viii)(ix)(x)
- 7000万年前に隆起した地層が浸食され、約200万年前に現在の姿になった

生命誕生時の奇跡を体感できる巨大渓谷

四五〇キロにわたって続く広大な峡谷地帯であるグランド・キャニオン。その起源は、七〇〇〇万年前にこの地域一体が、「カイバブ・アップリフト」と呼ばれる地殻変動によって隆起したことに始まる。その後、約四〇〇〇万年前からコロラド川によって少しずつ浸食され、約二〇〇万年前に現在のような地形になったと考えられている。

コロラド川によって削られた絶壁は、深さ平均約一二〇〇メートル、幅六〜二九キロに及ぶ。激流は、今も一日におよそ四〇万トンもの土砂を削り続けており、現在刻まれている谷底の地層は、およそ

【上】展望台などによくいる愛らしい野生のリス。人によく慣れているが、餌は与えないようにとの注意書きがある。
【左】先住民族ハバスパイ・インディアンの居留地にあるハバス滝。サファイアブルーの水と美しい景観から、彼らはこの地を「理想郷」と呼んでいる。

観光のポイント COLUMN

グランド・キャニオンを観光する際に拠点となるのはサウス・リムで、宿泊施設やギフトショップ、銀行、郵便局、スーパーマーケットなどがそろうほか、園内を巡回する無料のシャトルバスが3路線用意されている。

二〇億年前、なんと原始生命誕生時のものである。

見渡す限りの絶壁だが、多種多様な動植物が生息しており、ネイティブ・アメリカンは、少なくとも四〇〇〇年前にはこの地域に住んでいたとされる。

観光名所となっているグランド・キャニオン・スカイウオークは、絶壁から突き出したU字形の透明な展望橋で、薄い強化ガラスの下に広がる雄大な景色を眺めながら、空中散歩を楽しめる。

ACCESS

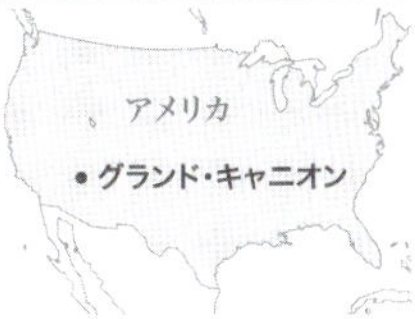

ラスベガスから飛行機で約50分。または、車で約5時間。

06.

Canaima National Park

カナイマ国立公園

一〇〇〇メートル級の絶壁の山頂に広がる「世界最後の秘境」

ベネズエラとブラジルにまたがるギアナ高地の一角に広がるカナイマ国立公園は、一九九四年に世界遺産に登録された。乱立する大小一〇〇余りのテーブルマウンテンには、固有の生態系が形成されている。

【DATA】

- 国名…ベネズエラ
- 登録名称…カナイマ国立公園
- 遺産区分…自然遺産
- 登録年…1994年
- 登録基準…(ⅶ)(ⅷ)(ⅸ)(ⅹ)
- 2億5000万年前に雨に削り出されて形成された

標高2560mのアウヤンテプイ。ギアナ高地のなかでも最大級規模を誇る。

地上から隔絶された人跡未踏の地

カナイマ国立公園の面積は三万平方キロ以上に及び、一七億年前の地層がむき出しになった独特の形状の大小一〇〇以上のテーブルマウンテン(卓状台形)がそびえる。

テーブルマウンテンの起源は、二億五千万年前に大地が激しい雨によって削り出されたことによる。約二〇億年前の地質がそのまま残されたと考えられており、絶壁によって下界から隔絶された山頂には、跳ぶことも泳ぐこともできない原始的なカエルや、岩だけの環境のなかで独自に進化した植物など、固有の生態系が残されている。

また、カナイマ国立公園に

【上】標高2810mのロライマ（偉大の意）山の頂上。荒涼とした岩だらけの世界が広がり、独自の生態系を形成している。【下／左】アウヤンテプイから流れ落ちるエンジェル・フォール。【下／右】ロライマ山に生育する固有の花。

COLUMN

実在した「ロスト・ワールド」

園内最高峰のロマイマ山は、イギリスの作家コナン・ドイルの小説「ロスト・ワールド（失われた世界）」の舞台としても有名。旅行者も登山可能なので挑戦してみてはいかが。

は、カリブ海からの湿った風が吹き込んで広大なジャングルが形成されている。ジャングルの上空は常に雲で覆われており、地形を把握することさえ困難といわれている。

最大の見どころは、公園の北西部にあるアウヤンテプイ（悪魔の山の意）から流れ落ちる世界最大級の滝エンジェル・フォール。落差は九七九メートルに及び、流れ落ちる水流は、途中で大量の霧となって森を包み込み、神秘的な景観を生み出している。

ACCESS

シウダ・ボリバルから最寄りの町カナイマまで、飛行機で約40分。国立公園までは徒歩とボートで約４～５時間。

07.

Iguaçu National Park

大小二七〇以上の滝が連なる
壮大な水のカーテン

イグアス国立公園

イグアス国立公園は、ブラジルとアルゼンチンにまたがる広大な自然公園で、両国の国境には、世界三大瀑布（ばくふ）の一つであるイグアスの滝がある。アルゼンチン側は一九八四年、ブラジル側は一九八六年に別件として世界遺産に登録されている。

世界最大の滝

イグアスとは、先住民の言葉で「大いなる水」を意味する。大小二七〇以上の滝が連なり、最高約八〇メートルの高さから大量の水が落下する様子は圧巻。時には虹がかかることもあり、壮大かつ優美な景観を体感できる。

なかでも、滝を流れ落ちる水音のすさまじさから名付けられた「悪魔ののど笛」は、イグアスの滝のハイライトともいうべき場所で、膨大な水量やその落差に圧倒される。

周囲の熱帯雨林には、ジャガーなど大型の肉食動物のほか、有袋類のオポッサム、木の上に寄生してはえや蚊の幼虫を育てる植物ブロメリアなど、希少な動植物が数多く生息している。

ACCESS

【アルゼンチン】プエルト・イグアスからバスで約10分。
【ブラジル】フォス・ド・イグアスからバスで約30分。

【DATA】

- 国名…アルゼンチン／ブラジル
- 登録名称…イグアス国立公園
- 遺産区分…自然遺産
- 登録年…1984年／1986年
- 登録基準…(vii)(x)／(vii)(x)
- 地殻変動で隆起した土地が川の流れに浸食されてできた。1億2000万年前には存在していたとされる。

【上】イグアスの滝にかかる虹と旅行者を乗せたボート。【右】旅行者は滝の周辺に設置された遊歩道を伝ってさまざまな方向や高さから景観を楽しめる。

旅のコラム _04

危機遺産と登録を抹消された世界遺産

【上】景観を損ねる橋の建設を理由に、2009年に世界遺産から抹消されたドイツの「ドレスデン・エルベ渓谷」。
【下】周辺情勢の不安定さから、1982年に危機遺産リストに登録された「エルサレムの旧市街とその城壁群」。

危機遺産とは、世界遺産としての意義を揺るがすような何らかの脅威にさらされている、もしくはその恐れがあるものを指す。

例えば、文化遺産では、材料の重大な劣化や周囲の都市計画などによる景観の破壊、自然遺産では、絶滅危惧(きぐ)種などの減少や環境破壊などが、「危機にさらされている遺産リスト」に加えられる主な理由だ。

二〇一一年五月現在、危機遺産リストに記載されている遺産は三四件(文化遺産＝一八件、自然遺産＝一六件)である。

危機遺産リストに記載されると、世界遺産基金の活用、技術スタッフの派遣や調査、保護計画の立案から実際の修復作業などが検討され、毎年の報告が義務づけられる。

さらに、十分な改善が行なわれず価値が失われたと判断されると、世界遺産リストからの抹消も検討される。二〇〇九年には、ドレスデン・エルベ渓谷が上記の理由によって初の登録抹消の事例となった。ただし、ケルン大聖堂やアンコール遺跡などのように改善が認められた場合には、危機遺産リストから除外される。

世界遺産に行こう

2011年8月2日　第1刷発行
2012年1月23日　第6刷発行

企画・編集	歴史群像編集部	発行人	脇谷典利
編集	EDing Corporation	編集人	南條達也
編集スタッフ	谷伸子・武井誠・木幡ちひろ	編集長	渡部義之
デザイン	谷伸子	発行所	株式会社　学研パブリッシング 〒141-8412 東京都品川区西五反田2-11-8
写真	木幡ちひろ Shutterstock (株)学研パブリッシング ムー編集部	発売元	株式会社　学研マーケティング 〒141-8415 東京都品川区西五反田2-11-8
DTPレイアウト	EDing Corporation	印刷所	凸版印刷株式会社
執筆	編集部		

【この本に関するお問い合わせ先】

【電話の場合】
●編集内容については　03-6431-1509（編集部直通）
●在庫、不良品（落丁、乱丁）については　03-6431-1201（販売部直通）
●学研商品に関するお問い合わせは　03-6431-1002（学研お客様センター）

【文書の場合】
〒141-8418　東京都品川区西五反田2-11-8
学研お客様センター『世界遺産に行こう』係

●学研の書籍・雑誌についての新刊情報・詳細情報は下記をご覧ください。
学研出版サイト　http://hon.gakken.jp/

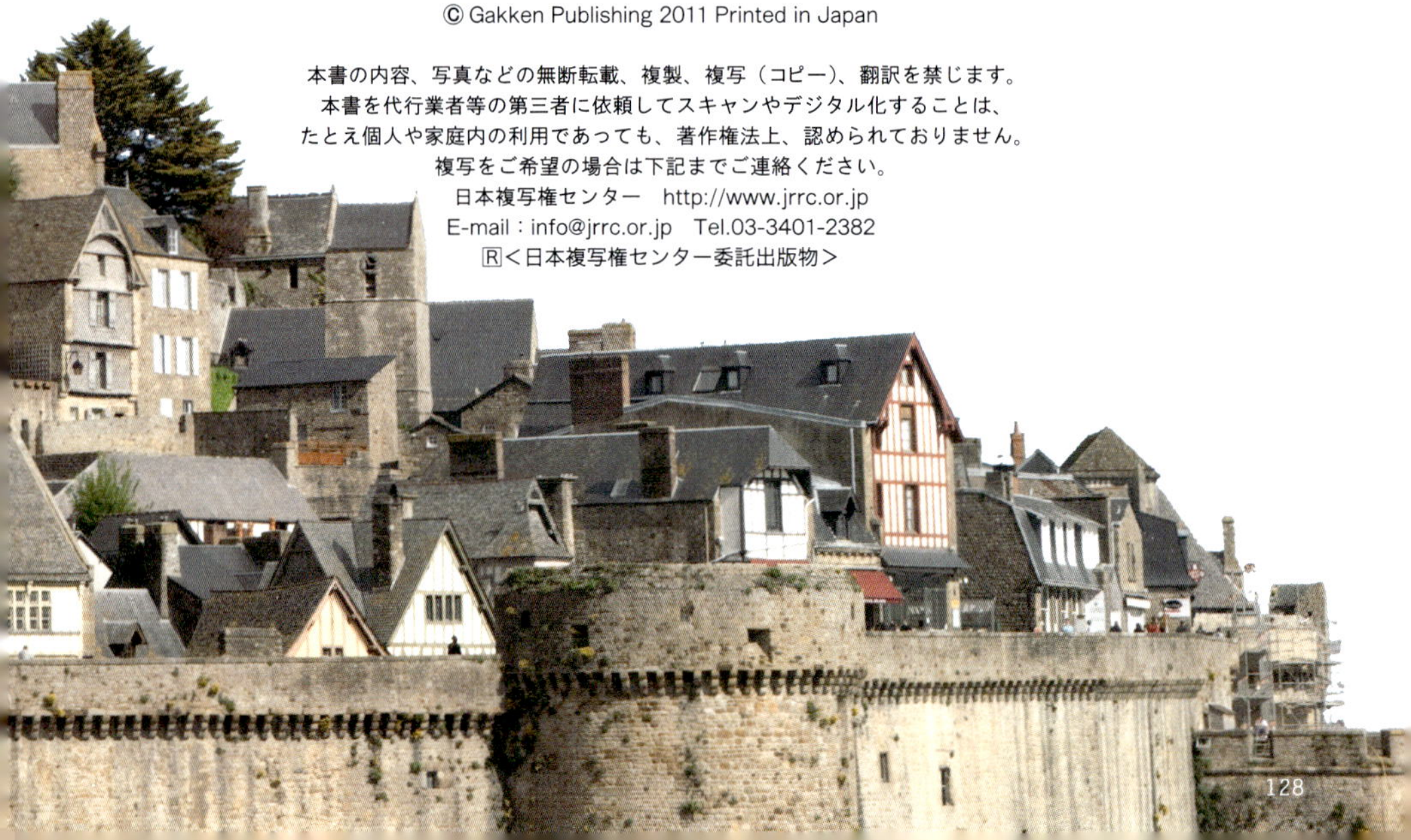